TOMANDO DECISÕES
SEGUNDO A VONTADE DE DEUS

TOMANDO DECISÕES SEGUNDO A VONTADE DE DEUS

HEBER CAMPOS JR

```
Dados Internacionais de Catalogação na Publicação (CIP)
       (Câmara Brasileira do Livro, SP, Brasil)

Campos Jr., Heber
   Tomando decisões segundo a vontade de Deus /
Heber Campos Jr.. -- 3. ed. -- São José dos
Campos, SP : Editora Fiel, 2024.

   ISBN 978-65-5723-330-6

   1. Deus (Cristianismo) 2. Soberania
3. Vontade de Deus I. Título.

24-191176                                CDD-231.4
```

Índices para catálogo sistemático:

1. Deus : Vontade : Doutrina cristã   231.4

Tábata Alves da Silva - Bibliotecária - CRB-8/9253

TOMANDO DECISÕES SEGUNDO A VONTADE DE DEUS

por Heber Carlos de Campos Júnior
Copyright © 2013 Heber Carlos de Campos Júnior

■

Publicado em português por Editora Fiel
Copyright © 2013 Editora Fiel
Primeira Edição em Português: 2013
Terceira Edição em Português: 2024

Os textos das referências bíblicas foram extraídos da versão Almeida Revista e Atualizada, 2ª ed. (Sociedade Bíblica do Brasil), salvo indicação específica.

Todos os direitos em língua portuguesa reservados por Editora Fiel da Missão Evangélica Literária

PROIBIDA A REPRODUÇÃO DESTE LIVRO POR QUAISQUER MEIOS, SEM A PERMISSÃO ESCRITA DOS EDITORES, SALVO EM BREVES CITAÇÕES, COM INDICAÇÃO DA FONTE.

■

Diretor: Tiago J. Santos Filho
Editor-chefe: Vinicius Musselman
Editor: Tiago J. Santos Filho
Coordenador Gráfico: Gisele Lemes, Michelle Almeida
Revisão: Thatiane Julie A. Rodrigues
Guia de estudo: Laise Helena Oliveira
Capa: Rubner Durais, João Fernandes
Diagramação: Rubner Durais, João Fernandes
ISBN impresso: 978-65-5723-330-6
ISBN eBook: 978-65-5723-331-3

FIEL
Editora

Caixa Postal, 1601
CEP 12230-971
São José dos Campos-SP
PABX.: (12) 3919-9999
www.editorafiel.com.br

Sumário

Prefácio 7

I. A confusão evangélica 11

PARTE I - DISSIPANDO A NEBLINA

II. Quantas vontades existem? 31

III. Qual é a vontade do Senhor? 49

IV. Aplicando as distinções teológicas 63

PARTE II - TRILHANDO O CAMINHO DA SABEDORIA

V. Orientação em áreas cinzas 73

VI. Perigos ao discenir a vontade de Deus 87

VII. Buscando a direção do Senhor 113

VIII. Aplicando a grandes áreas de decisões 127

Apêndice: Escolhas de fé: a vida de Moisés 143

Curso e guia de estudo 157

Prefácio

A minha decisão em apresentar esse livro para publicação está intimamente ligada aos ensinamentos que irei apresentar em seu corpo. Quando eu fiz estudos sobre esse tema pela primeira vez (no acampamento de jovens da 6ª Igreja Presbiteriana de Belo Horizonte, no início de 2009), o meu querido amigo, o pastor Charles Melo de Oliveira, me perguntou se eu pensava em publicar meu material. Eu disse que não, mesmo ele tentando me demover dessa decisão. Eu julgava que era um assunto já tão explorado em livros que não haveria a necessidade de publicar outro. Eu achava que tal assunto estava bem claro para a maioria dos pastores. Talvez, os jovens é que precisassem entender como isso se aplicava à vida deles. Por isso, passei os últimos 4 anos falando algumas vezes sobre esse assunto principalmente para jovens, sempre mantendo em mente que esse não era material para publicação. Por que, então, decidi por algo diferente agora? Alguém poderia dizer: "Porque você entendeu que era vontade de Deus." Bem, sim e não. Deixe-me explicar.

Deus me despertou para estudar e compilar esse assunto em forma de estudos quando ouvi as palestras de Kevin DeYoung, nos Estados Unidos, que deram origem ao seu livro *Faça Alguma Coisa* (Editora Mundo Cristão, 2012). Muito do que DeYoung falou ecoou com o que eu já aprendera anteriormente, principalmente estudando teologia sistemática com o meu pai. Porém, DeYoung trouxe em novos tons aplicações que julguei serem muito úteis na vida dos jovens. Isto é, ele fez a boa e antiga teologia ganhar nova cor para mim.

A cada oportunidade em que eu falava sobre esse assunto, percebia quão útil ele era para as pessoas. Muitos se aproximaram com o desejo de serem aconselhados nesse assunto da vontade de Deus. Passei a ouvir as conversas de membros de igreja (e até de pastores) sobre esse tema com outra sensibilidade e percebi como a expressão "vontade de Deus" era usada de forma descuidada. Até aqueles que já tinham bom fundamento teológico sobre esse assunto se alegraram com a exposição que eu fazia e confirmavam quão comum é a confusão sobre esse conceito.

Foram esses fatores que me levaram a concluir que seria agradável a Deus se eu publicasse esse pequeno livro. Não que seja errado ou contra a vontade de Deus não o publicar (o livro vai explicar melhor o que quero dizer). Porém, eu percebi como seria útil para o povo de Deus e eu sei que é vontade do Senhor que eu sirva aos meus irmãos com os dons que eu recebi. É edificante olhar para as verdades eternas com uma nova perspectiva e ser encantado por elas novamente. Por isso resolvi apresentá-lo para publicação.

A minha oração é que esse livro chegue nas mãos de quem não ouviu meus estudos sobre o assunto e esclareça algo ainda muito confuso no meio evangélico brasileiro. Que o nosso Deus se agrade com a forma como esse trabalho visa glorificá-lo como nosso Guia e Protetor, ao servir meus irmãos no entendimento desse mesmo Guia e Protetor. Que Deus seja engrandecido à medida em que o entendemos melhor. Que você seja fortalecido em saber que Deus não lhe deixa sem direção para tomar suas decisões.

Heber Carlos de Campos Júnior

A confusão evangélica

I

"Sabemos que todas as coisas cooperam para o bem daqueles que amam a Deus, daqueles que são chamados segundo o seu propósito. Porquanto aos que de antemão conheceu, também os predestinou para serem conformes à imagem de seu Filho, a fim de que ele seja o primogênito entre muitos irmãos. E aos que predestinou, a esses também chamou; e aos que chamou, a esses também justificou; e aos que justificou, a esses também glorificou."
Romanos 8.28-30

Desejo de saber a vontade de Deus para as suas vidas

Crescemos numa cultura evangélica ouvindo o seguinte chavão: "Deus tem um plano maravilhoso para a sua vida." Essa é a nossa fórmula de conforto para quem acabou de experimentar alguma decepção na vida. A princípio, essa frase visa afirmar o cuidado de Deus para com os seus filhos. Acreditamos que Deus tem todos os nossos dias traçados (Sl 139.16) e que ele tem coisas boas reservadas para nós em cada área de nossa vida. No entanto, o efeito colateral do chavão é incitar o cristão a discernir qual é esse plano específico para a sua vida. "Como assim?", você pergunta.

Quando alguém sofre uma grande decepção – um divórcio, um término de um namoro, um filho se rebelando e lhe envergonhando, a humilhação do desemprego, a traição de um amigo – não é fácil enxergar o bom plano de Deus. A pessoa está muito machucada, fragilizada, e suplica por provas da bondade de Deus. "Se Deus tem um plano maravilhoso para mim," ela pensa, "eu não estou entendendo nada." Ela quer ver a bondade de Deus novamente, provar do cuidado de Deus para com ela. Ela quer acreditar na bondade de Deus, mas prefere ver para crer. A consequência de quem quer ver para crer é buscar conhecer o que outrora estava velado (o tal plano). Como a Bíblia não detalha aspectos individuais da vida de cada cristão, ele se vê impelido a buscar essa vontade de Deus por outros meios. O pressuposto dessa opinião não é somente o de que Deus tem um plano individual para cada um, mas de que é possível conhecer esse plano, descobrir esse mapa espiritual de nossas decisões.

De fato, Deus tem um plano maravilhoso para os seus filhos (Rm 8.28). Ele quer nos fazer segundo a imagem do seu Filho (v. 29) e, para isso, ele conduzirá o processo do início ao fim (v. 30). Há duas características confortadoras nesse plano revelado: ele é redentivo e é seguro. Redentivo porque Deus nos faz enxergar o livramento de todos os sofrimentos desse mundo (v. 18-25) e de nossas fraquezas presentes (v. 26); e, também, de nos proteger de perigos passados e presentes (v. 31-34), além de futuros (v. 35-39). Todavia, esse plano maravilhoso não tem satisfeito muitos evangélicos. Infelizmente, crentes têm perdido o encanto por esse plano (revelado) e buscado o outro lado do plano (escondido).

Cristãos nem sempre se sentem experimentando a maravilha desse plano. O que há de errado? Será que não temos aproveitado o melhor de Deus para as nossas vidas? Será que seria diferente se eu soubesse esse plano? Alguns evangélicos têm a impressão de que Deus tem um plano melhor para eles; o problema é que eles não estão descobrindo como desvendar tal plano, não encontraram a chave espiritual para destravar tais bênçãos. Essa é a razão de estarem tão frustrados na vida. Não culpam Deus por não os abençoar; mas, culpam a si mesmos por não acharem o caminho, o plano "A" para as suas vidas.

A ausência de satisfação na vida tem despertado o interesse de cristãos em saber qual é o plano individual de Deus para as suas vidas. Em cada decisão importante, almejam saber o que Deus "quer" para suas vidas. Anseiam por "descobrir" a vontade de Deus. Alguns se desesperam por não estarem certos dela. Temem não experimentarem a alegria de "estar no centro da vontade de Deus". Eis a razão de muitos evangélicos procurarem cursos especiais e seguirem líderes que, de forma quase gnóstica, propõem lhes conceder fórmulas especiais para conhecerem a vontade divina.

Há algo muito nobre nesse desejo que não pode ser negligenciado. A preocupação em conhecer a vontade de Deus pode, na maioria das vezes, ser genuína e não só interesseira. Isto é, própria de quem ama ao Senhor, quem quer agradar ao Senhor. Sendo assim, esse tema só faz sentido para o crente.

Há um aspecto em que é santo desejar conhecer a vontade de Deus. Tal desejo pode despertar mais oração e leitura bíblica e, por isso, muitos o consideram piedoso. Por outro lado, desenvolve uma espiritualidade perigosa que sempre espera "receber a confirmação do Senhor". Isso soa piedoso, mas promove a ansiedade (quando eu não recebo a confirmação) e o subjetivismo (quando Deus parece sempre falar comigo).

A verdade é que há muitas confusões quanto ao que de fato pode ser chamado de vontade de Deus. Há algumas perguntas que teriam respostas comuns entre crentes, mas que não ajudam na busca pela vontade de Deus para suas vidas. Por exemplo, você sempre cumpre a vontade de Deus? A maioria dos crentes diria: "Eu tento, mas nem sempre consigo." Você sabe a vontade de Deus para a sua vida? Sempre? Ouviríamos outra negativa. Em que área você acha que os crentes têm mais dificuldade em saber a vontade de Deus? Pense na vida familiar: "Devo ou não namorar aquela pessoa? Devo ou não casar? Devemos pensar em ter mais um filho? Será que é hora de comprar um imóvel?" Mude o foco para a vida profissional: "Por qual curso de faculdade eu devo optar? Qual dos empregos eu devo escolher? Será que atualmente estou no ramo certo de trabalho? Tento ou não uma pós-graduação?" Por último, pense na vida eclesiástica: "Devo entrar para esta igreja, ou para aquela? Em qual ministério da igreja Deus espera que eu me envolva? Deus quer que eu seja um missionário?"

Essas são perguntas que ilustram quão difícil é, para alguns evangélicos, saber a vontade de Deus para as suas vidas. Querem direção da parte de Deus para as questões práticas da vida, mas parecem não encontrá-la. Embutido nesse desejo está o anseio por receber confirmação do Senhor para a maioria de suas decisões. "Receber a confirmação do Senhor" soa piedoso. Se, por um lado, é lamentável que muitos crentes tomem grandes decisões em suas vidas sem consultar ao Senhor em oração, por outro lado é triste que outros crentes vivam aflitos enquanto não recebem alguma "confirmação" especial do Senhor.

A confusão de teólogos

A confusão no cenário evangélico se dá, principalmente, pelo ensino equivocado de muitos mestres que se aventuram a falar de coisas mais baseadas em experiência do que em exegese sadia. Há muitos livros que disseminam essa visão popular da vontade escondida de Deus a ser buscada pelo crente.

O teólogo carismático J. Rodman Williams, em sua teologia sistemática, ilustra essa perspectiva. Ele confunde os diferentes usos da expressão "vontade de Deus" nas Escrituras. Ao afirmar que vida cristã é fazer a vontade de Deus, ele cita vários textos que falam da obediência à sua vontade (Mt 6.10; Ef 6.6; Hb 13.20-21; 1Jo 2.17), depois apresenta textos que dizem que tudo que acontece no mundo é pela vontade de Deus (Ap 4.11; Gl 1.4; Ef 1.5, 11; Hb 10.10), para concluir sem qualquer distinção: "Fazer a vontade de Deus, portanto, é estar em acordo com a vontade de Deus."[1] Ele está tomando

---

[1] J. Rodman. Williams, *Renewal Theology* vol. 2: *Salvation, the Holy Spirit, and Christian Living* (Grand Rapids: Zondervan, 1990), p. 411-412.

os textos que falam de obedecer a mandamentos e aplicando a descobrir os planos de Deus. São duas ideias distintas que não devem ser confundidas.

Conforme Williams, descobrir a "vontade de Deus" não é uma tarefa fácil, nem mesmo para cristãos sérios. Até o próprio Jesus tinha de buscar a vontade de Deus. Ele escreve: "Não há simplesmente qualquer garantia de que por estarmos crescendo em santidade ou porque somos carismaticamente dotados, que estamos vivendo conforme a vontade de Deus. Na verdade, se a vontade do Pai não era sempre fácil para Jesus – o Santo e Carismático –, quanto mais para nós!"[2]

Por não ser tarefa fácil, perguntar qual é a vontade de Deus para a minha vida deve ser uma constante, em qualquer situação, independente da importância. Em casa, na escola, no trabalho, devo perguntar em todo momento: "Senhor, é isso o que tu queres para mim?"[3]

De forma um pouco mais cautelosa que Rodman Williams, os autores do livro popular *Experiências com Deus*[4] expressam a confiança de que ainda hoje Deus fala com o seu povo "pelo Espírito Santo, através da Bíblia, da oração, das circunstâncias e da igreja" para revelar os seus propósitos.[5] Se você quer estar

---

2 Williams, *Renewal Theology* vol. 2, p. 413.
3 Williams, *Renewal Theology* vol. 2, p. 414. Para descobrir a vontade de Deus, Williams oferece cinco diretivas: sermos buscadores, orar muito, constantemente ouvir a Palavra, buscar a ajuda de outros cristãos, e ter uma constante renovação da mente (p. 414-417).
4 Henry T. Blackaby, e Claude V. King. *Experiências com Deus*: como viver plenamente a aventura de conhecer e fazer a vontade de Deus (São Paulo: Bom Pastor, s.d.).
5 Blackaby e King, *Experiências com Deus*, p. 161.

unido a Deus, você "precisa saber o que Deus está para fazer".[6] Para tais autores, a vontade de Deus é como um mistério que precisa ser desvendado.

Eles creem que Deus dá "direções específicas", mas não fica claro como podemos distinguir a voz de Deus de outras "vozes". Em outras palavras, eles entendem que não é correto tentar "avaliar as direções usando sua mente dada por Deus", pois Deus diz palavras claras sobre o que fazer em cada situação. Conforme esta avaliação, uma mente transformada pela Palavra de Deus não é suficiente para distinguirmos o caminho. É preciso ouvir a voz de Deus. Porém, se alguém perguntar "como saber se algo é de Deus ou de Satanás?", eles se contradizem ao sugerirem um exercício da mente: "Sugiro que conheça os caminhos de Deus tão profundamente que, se algo não se comparar aos caminhos de Deus, você abandona aquilo."[7]

William W. Orr também afirma que Deus tem um plano mestre, mas nós temos de entender onde nos encaixamos nele, individualmente. Por isso, é vital conhecer "o propósito específico de Deus para mim",[8] assim como gigantes do passado que primeiramente descobriram e, depois, cumpriram a vontade de Deus. Ter um plano é um privilégio apenas dos seus filhos.[9] Porém, alguns não experimentam sua primeira vontade (a diretiva) e acabam por experimentar a sua segunda vontade

---

6 Blackaby e King, *Experiências com Deus*, p. 182.
7 Blackaby e King, *Experiências com Deus*, p. 174-177.
8 William W. Orr, *How to Know the Will of God for your life* (Wheaton, IL: Van Kampen Press, s.d.), p. 12.
9 Orr, *How to Know the Will of God for your life*, p. 6.

(a permissiva) a qual não traz felicidade.[10] Veja como esse autor cria confusão na mente de crentes que não descobrem a primeira vontade e acabam por experimentar apenas a segunda.

Por acreditar que a Bíblia tem certas regras gerais para certas áreas da vida cristã, mas sua ênfase é maior quanto às áreas em que a Bíblia não é clara. Ele diz que Deus quer revelar essa vontade secreta, mas nós temos que querê-la muito. "Deus simplesmente não revelará a Sua vontade até que o seu coração esteja pronto a recebê-lo em anseio de 24 quilates [...]. Escrutine o relacionamento de sua vida com a vontade escondida de Deus."[11]

Todos esses autores estão tornando a vontade divina muito difícil de ser compreendida, quando deveria ser fácil sabermos os desejos do nosso Pai. Filho que tem bom relacionamento com seu pai terreno sabe o que o pai gosta de fazer, quais suas preferências, o que lhe deixa satisfeito. Muito mais com o nosso Deus. Se nosso relacionamento com o Pai é saudável, isto é, se nós conhecermos o nosso Deus conforme ele mesmo se revela, devemos saber o que lhe agrada. E o que lhe agrada está registrado em sua santa Palavra.

Por outro lado, há autores que apresentam a direção sobrenatural de Deus como sendo tão comum e facilmente perceptível que um cristão que não sente tal direção é capaz de se achar descrente. Wesley L. Duewel expõe o que muitos entendem por direção: ser subjetivamente guiado pelo Espí-

---

10 Orr, *How to Know the Will of God for your life*, p. 24.
11 Orr, *How to Know the Will of God for your life*, p. 16.

rito Santo em todas as circunstâncias da vida. Esse é o meu resumo do que Duewel entende por "ser guiado diariamente", embora ele mesmo nunca defina o que seja isso. Por um lado, ele discorda de teólogos que afirmam que em muitas situações "podemos agradar a Deus, não importa qual seja a nossa decisão"; por outro lado, ele reprime o extremo de quem espera "orientação especial em tudo", como se cada impressão ou pensamento que vem à mente fosse a voz de Deus. Então, o que seria orientação para Duewel? Ele nos dá uma dica quando encoraja: "Viva na expectativa de que Deus pode, a qualquer tempo, ter para você algum toque novo e especial ou uma sugestão amável."[12] Frequentemente, em seu livro, Duewel fala de como, logo após um período de oração, alguém foi colocado no caminho dele para que ele pudesse testemunhar.[13] Ao falar das impressões, ele cita com aprovação as palavras de E. Stanley Jones de que a voz interior (o Espírito Santo) nunca havia falhado, embora Satanás também coloque impressões íntimas em nossa mente.[14]

Duewel ensina como distinguir a voz do Senhor e os seus sentimentos e impressões de forma que você "sente o seu sussurro mais leve, o relancear dos seus olhos, o toque de sua mão" de forma natural e regular.[15] De acordo com o autor, Deus fala a qualquer tempo: "Durante o seu período silencioso,

---

12 Wesley L. Duewel, *Deixe Deus Guiá-lo Diariamente* (São Paulo: Candeia, 1988), p. 31-34.
13 Duewel, *Deixe Deus Guiá-lo Diariamente*, p. 29, 42, 46-48.
14 Duewel, *Deixe Deus Guiá-lo Diariamente*, p. 125-129.
15 Duewel, *Deixe Deus Guiá-lo Diariamente*, p. 95.

enquanto está ocupado cumprindo suas obrigações, quando participa do culto da igreja, enquanto ora ou fala com amigos, ou mesmo quando acorda."[16] Duewel dá sugestões de que peçamos a Deus para colocar, em nosso coração, alguém por quem orar, mostrar alguém que precisa que o sirvamos, guiar a uma promoção para não gastarmos dinheiro à toa, e assim com qualquer atividade rotineira que tenhamos, como reabastecer o tanque de combustível do carro no dia anterior à subida de preço.[17] Toda essa expectativa por direção tem de ser natural (não esperar voz audível ou visão) e voltada mais para as necessidades do próximo do que para as nossas.

Embora Duewel esteja propondo alguns parâmetros bíblicos para ouvir a Deus (focar na Bíblia e oração como meios,[18] priorizar a necessidade do próximo), o problema está na expectativa de que todas as nossas atividades sejam realizadas por direção imediata de Deus, antes que por obediência aos mandamentos e discernimento de situações. Devemos orar pelas pessoas e servi-las mesmo quando não sentimos o "toque de Deus", devemos discernir como gastar o nosso dinheiro mesmo quando não somos guiados a promoções, devemos testemunhar de Cristo mesmo quando não temos portas se abrindo para a pregação. Fazer a vontade de Deus está mais relacionado a obedecer e discernir do que a ser sensível, como enfatiza o autor. Duewel transmite uma direção de "deixar fluir" que não contempla como, às vezes,

---

16 Duewel, *Deixe Deus Guiá-lo Diariamente*, p. 97.
17 Duewel, *Deixe Deus Guiá-lo Diariamente*, p. 97-100.
18 Veja Duewel, *Deixe Deus Guiá-lo Diariamente*, p. 121-124.

é penoso ser obediente à vontade de Deus. Ele também não estimula maturidade quando orienta seus leitores a sempre ouvirem uma palavra direta de Deus, em vez de ponderarem sobre as ordens já dadas por Deus. Por último, Duewel frustra o crente que não é dado a tanto sentimentalismo, pois sua direção é muito focada em impressões e oportunidades.

Independente da ênfase dada pelo autor, se é difícil ou fácil descobrir a vontade de Deus, ambos preservam o mistério ao colocar a vontade de Deus em um campo muito subjetivo de direção. Essa visão não só é equivocada, mas é danosa para a nossa vida. Há implicações negativas desse conceito de buscarmos uma vontade escondida.

As implicações negativas dessa busca

As implicações afetam a forma como entendemos a Deus e o que ele espera que façamos. Veja como um entendimento equivocado do assunto, por se tratar de um atributo de Deus, redunda em uma visão distorcida de Deus. A visão confusa que evangélicos têm acerca de descobrir a vontade de Deus passa a noção de que Deus brinca de "esconde-esconde" com a sua vontade. A verdade, porém, é que ele não falha como alguns pais, os quais repreendem seus filhos baseados em ordens que não ficaram claras e, assim, levam seus filhos à ira. Deus não esconde o que ele quer de nós. Não podemos culpá-lo disso. Deus não brinca de esconder de nós a sua vontade. Ele se apresenta em toda a Escritura como um Deus revelador. Sua vontade precisa ser algo muito mais claro do que estamos acostumados a pensar.

Falamos de "descobrir" a vontade de Deus, como se ele a estivesse escondendo. Porém, a Bíblia ordena que nós a compreendamos: "Procurai compreender qual a vontade do Senhor" (Ef 5.17). Parte-se do princípio de que ela pode ser conhecida. Não devemos ir atrás do que Deus não intentou revelar, mas devemos conhecer bem o que nos revelou. Desde o primeiro capítulo de Gênesis, até o ápice da revelação em Jesus Cristo (Hb 1.1-2), nosso Senhor é um Deus que fala. E quando falo que Cristo é o ápice da revelação, me refiro ao fato de ele afirmar que ele nos deu a conhecer tudo quanto ouviu de seu Pai (Jo 15.15). Essa é uma frase impactante! Cristo não nos poupou de nada que precisávamos saber. Pelo contrário, ele fez questão de enviar-nos o Espírito para reforçar e completar essa revelação, que atingiu seu clímax em Jesus (Jo 16.12-14). Tal reforço e complemento ocorrem no ministério dos apóstolos, que nos proporcionaram o fundamento da vida cristã (Ef 2.20). Não há nada além das Escrituras que precisemos conhecer para uma vida agradável a Deus.

Portanto, não podemos jamais culpar o Deus revelador de esconder coisas importantes de nós. Ele mesmo promete ao seu povo: "Instruir-te ei e te ensinarei o caminho que deves seguir; e, sob as minhas vistas, te darei conselho" (Sl 32.8).

Além de um conceito distorcido de Deus, a confusão evangélica acerca do assunto tem gerado uma expectativa errada do que seja a vida cristã. Primeiramente, fazer a vontade de Deus passa a ser algo totalmente incerto, e por intermédio de tentativa e erro vamos montando o complicadíssimo quebra-cabeça do plano de Deus para a nossa vida. Esse delongado processo gera ansiedade na busca, como já mencionamos, e isso é pecaminoso.

Em segundo lugar, um senso de juízo aumenta o peso da responsabilidade nas decisões. Alguns cristãos sofrem a partir da premissa de que "a vontade de Deus para a minha vida" implique em apenas uma das opções, como se a outra fosse errada, desagradasse a Deus. Em questões onde não há escolha moralmente certa ou errada (como, por exemplo, escolher morar em uma cidade ou em outra), não devemos imaginar que uma das escolhas seja inaceitável a Deus. Esse tipo de raciocínio pode piorar, se julgarmos que a escolha errada trará juízo da parte de Deus, se entendermos uma situação em que tudo dá errado porque não procuramos o caminho de Deus. Escolhas imprudentes podem trazer consequências ruins, mas quando não há quebra de preceito, não há razão para julgar que haja juízo da parte de Deus. Se Deus nos responsabilizasse por não cumprir uma vontade escondida de nós, inacessível a nós, Deus seria mau.

Em terceiro lugar, o desejo por saber uma vontade não revelada nas Escrituras é buscar o que James Petty chama de "conhecimento tóxico".[19] Conhecimento futuro do que nos acontecerá, caso trilhemos esse ou aquele caminho, é vedado de nós para o nosso bem. Seria danoso ter esse grau de conhecimento, pois Jesus nos diz que somos programados para lidar apenas com as preocupações de cada dia (Mt 6.34).

---

19 James C. Petty, *Step by Step: Divine Guidance for Ordinary Christians* (Phillipsburg: P&R, 1999), p. 70-76.

Assim como a árvore do conhecimento do bem e do mal era um limite benéfico para o que Adão poderia conhecer, Deus edifica limites para o nosso conhecimento que nos são benéficos.

O perigo desse assunto não jaz, apenas, nas implicações para a vida cristã. Ele abre portas para meios "espirituais" perigosos, utilizados por inúmeros evangélicos carismáticos em nosso país.

Os meios usados nessa busca (profecias, sonhos e outros caminhos espirituais)

O grau com que se enfatiza o uso desses meios entre carismáticos varia. Por um lado, há teólogos como Wayne Grudem, que abrem brecha para seu conceito de profecia revelatória dentro de um entendimento ortodoxo da vontade de Deus. Ele diz que Deus "não nos revela normalmente esses decretos (exceto em profecias sobre o futuro) e, portanto, constituem realmente a vontade 'secreta' de Deus."[20] Grudem está dizendo que não deve ser nossa expectativa rotineira que Deus nos revele o futuro, embora possa ocasionalmente fazê-lo. Por outro lado, há escritores mais radicais, como Herman H. Riffel, que diz que Deus fala em várias línguas; dentre elas (e mui frequentemente), em sonhos e visões.[21] O segredo está em cada pessoa aprender, por si mesma, a reconhecer a voz de Deus.[22]

---

20 Wayne Grudem, *Teologia Sistemática* (São Paulo: Vida Nova, 2010 – 2ª ed), p. 156.
21 Herman H. Riffel, *Voice of God: The Significance of Dreams, Visions, Revelations* (Wheaton: Tyndale, 1978), p. 73-75.
22 Riffel, *Voice of God*, p. 127.

A sugestão do autor é idêntica ao que o mundo expressa em músicas e filmes: "Ouça o seu coração."

Riffel ainda sugere que aprendamos a reconhecer a voz de Deus, obedecendo ao que "achamos que Deus está nos dizendo para nós". Se estamos incertos de que é a voz de Deus, podemos pedir confirmação. Riffel então apoia sua alegação com as histórias de Gideão (Jz 6 e 7) e Acaz (Is 7.11-12).[23]

Muitos evangélicos de igrejas tradicionais rejeitam tais métodos carismáticos sem perceber o perigo dos métodos adotados por eles mesmos. Não é incomum cristãos, e mesmo pastores, julgarem que conhecemos o que Deus "quer" para nós por intermédio de uma combinação de circunstâncias, ímpetos espirituais, vozes interiores e uma paz de mente.[24] Em outras palavras, se as condições são desfavoráveis, é sinal de que Deus não me quer fazendo aquilo; se algo interior me impulsionou a fazer algo, deve ser Deus; se minha consciência está tranquila, é porque é vontade de Deus que eu tome esse caminho.

Para um evangélico mais tradicional, tais métodos nunca podem fugir dos mandamentos de Deus e de uma vida de oração. Isto é, eles nunca legitimariam alguém dizer que se sentiu impulsionado por Deus a fazer algo pecaminoso, ou permanecer em um estado imoral, só porque a consciência está tranquila. Todavia, ser guiado por Deus nas decisões que estão dentro de um padrão correto de vida não acontece pelos meios ordinários (leitura da Palavra e vida de oração), mas por

---

23 Riffel, *Voice of God*, p. 129-131.
24 Petty, *Step by Step*, p. 30.

intermédio de meios "extraordinários".[25] James Petty afirma que tal atitude ainda é uma forma de direcionamento imediato (contrapondo o direcionamento mediado pela iluminação de nossas mentes pela Palavra), que não requer interpretação, pois vem de forma aparentemente clara.[26] Essa comunicação direta é o que muitos querem, isto é, que Deus me diga claramente o que fazer.

Qual é o problema desses meios de descobrir a vontade de Deus? Por que não são confiáveis? Diferente do que as pessoas estão acostumadas a pensar, a busca desses meios "sobrenaturais" não é uma atitude "espiritual". Pelo contrário, quem procura essas coisas passa a viver por vista e não por fé. Muitos esperam um *trailer* antecipado do filme de suas vidas, uma amostra suficiente para lhes tranquilizar de que Deus está lhes guiando. Gostariam de abrir sua caixa de entrada de *e-mails* e encontrar algum recado de Deus. Todavia, Deus nunca prometeu esse tipo de comunicação como estilo de vida, nem mesmo para quem o Senhor apareceu. Abrão, por exemplo, foi ordenado que fosse para uma terra que Deus lhe mostraria. O capítulo da fé, Hebreus 11, afirma que o patriarca partiu "sem saber para onde ia" (Hb 11.8). Deus não lhe deu conhecimento antecipado, nem da jornada nem do destino final.

---

25 Wesley Duewel não percebe isso, quando afirma que Deus não promete falar-nos pelos meios especiais comuns no Antigo Testamento (visão, sonho, ou voz audível), mas sim "de um modo mais natural, mais normal." Com isso, Duewel não descarta a Palavra e a oração, mas a direção propriamente dita está mais relacionada a impressões. Duewel, *Deixe Deus Guiá-lo Diariamente*, p. 16-17.

26 Petty, *Step By Step*, p. 34.

Há também o desejo de sermos poupados de sofrimento. Quando tomamos uma decisão, arcamos com suas consequências. Como ninguém gosta de tropeçar em suas decisões, "descobrir a vontade de Deus" se torna fundamental. No fundo, queremos ser livres das consequências negativas. Embora nem sempre articulemos assim, queremos a orientação divina na escolha da universidade, do emprego ou do ministério a ser seguido porque não queremos olhar para trás com lamento e curiosidade, "e se eu tivesse optado por outro caminho?". Acontece que Deus não promete poupar-nos de tropeços. Muitas são as aflições do justo (Sl 34.19).

Em meio a tanta confusão precisamos buscar um caminho melhor. Nosso ensino não pode ser o de revelar a vontade de Deus para situações específicas na vida de alguém, mas de ensinar o crente a entender como persistir na vontade de Deus de forma frutífera.

PARTE I
DISSI-PANDO
A
NEBLINA

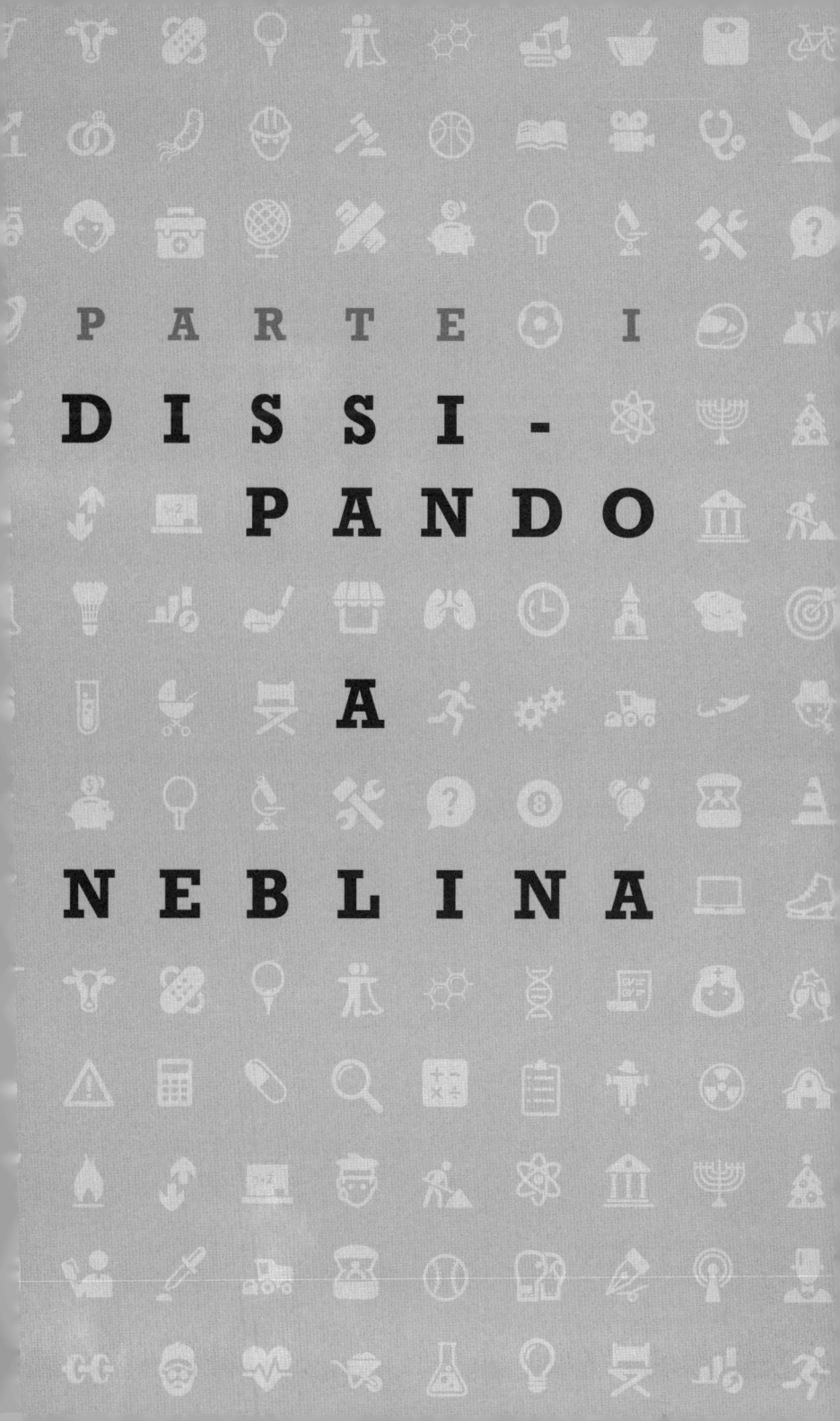

Quantas vontades existem?

II

"Vede prudentemente como andais, não como néscios, e sim como sábios, remindo o tempo, porque os dias são maus. Por esta razão, não vos torneis insensatos, mas procurai compreender qual a vontade do Senhor."

Efésios 5.15-17

Diante de tanta confusão no meio evangélico, é justo perguntar: "Qual é a vontade do Senhor?" Se até teólogos e livros sobre o assunto parecem nos confundir mais do que ajudar, precisamos descobrir um norte seguro, um caminho que seja bíblico. Mas o que seria um caminho bíblico?

É aí que precisamos do auxílio de teólogos do passado, que já se debruçaram longamente sobre esse assunto. Evangélicos em geral costumam ser bastante ignorantes sobre a história da teologia, e isso nos faz mais vulneráveis a desvios teológicos. Esse conceito de vontade de Deus, apresentado no capítulo 1, tem sido visto por alguns como a visão "tradicional". Todavia, um rápido panorama da história da teologia nos mostrará que eles tinham um entendimento muito diferente e mais rebuscado do que esses teólogos modernos. Por isso, precisamos aprender a ler as Escrituras com o auxílio de estudiosos do passado.

A primeira coisa que se destaca, por meio desse panorama histórico, é que nem sempre a Bíblia apresenta a palavra "vontade" no mesmo sentido, assim como outras palavras bíblicas. A palavra "mundo", por exemplo, pode significar tanto aquilo que é objeto do amor de Deus (Jo 3.16) como aquilo que é alvo do desprazer de Deus (1Jo 2.15-17). Assim, também, as Escrituras apresentam sentidos diferentes para o conceito de "vontade de Deus".

Pelo menos desde a Idade Média, os teólogos cristãos compreenderam que a vontade de Deus não poderia ser descrita com uma simples definição, mas com uma série de distinções.[1] Tais distinções podem ser percebidas a partir de uma análise dos termos bíblicos chave para essa discussão. Veremos, primeiramente, como a Bíblia apresenta sentidos diferentes para as mesmas palavras, para depois resumirmos como teólogos da história categorizaram essas diferenças.

Esse é um capítulo mais denso, que irá requerer de você um pouco mais de atenção. Porém, julgo que será recompensador. A razão de estudarmos teologia bíblica e sistemática aqui neste capítulo é porque entende-se que o estudo teológico é extremamente saudável, se feito devidamente. Não é possível compreendermos a vontade de Deus se não conhecermos a Deus, e teologia nada mais é do que conhecimento de Deus.

---

[1] Richard Muller, *Post-Reformation Reformed Dogmatics: The Rise and Development of Reformed Orthodoxy*, ca. 1520 to ca. 1725, vol. 3: *The Divine Essence and Attributes* (Grand Rapids: Baker Academic, 2003), p. 432-433.

Termos bíblicos

A variedade de termos bíblicos relacionados ao assunto é uma janela para entendermos a diversidade de conceitos embutidos nessas palavras. No Antigo Testamento, o Livro de Salmos usa a palavra *ratson*[2], frequentemente, para se referir à "vontade" de Deus" (Sl 40.8; 51.18; 103.21; 143.10), aquilo que traz "prazer" a Deus (Pv 11.1, 20; 12.22; 15.8). O termo *hepets* (Is 46.10) também é traduzido em outros lugares por "prazer" (1Sm 15.22) ou "interesse" (Jó 22.3). Por outro lado, o termo aramaico *tseba* (Dn 4.35) e o hebraico *etsa* (Sl 33.11; 73.24; 107.11; Pv 19.21; Is 25.1; 46.10-11; Jr 50.45; Mq 4.12) dão a ideia de "conselho, propósito, plano". Há verbos importantes para esse assunto, como *naha* ("guiar", "dirigir"), muito presente no livro de Salmos (cf. Sl 5.8; 23.3; 31.3; 61.2; 73.24; 78.14, 72; 139.10, 24; 143.10). Já o Salmo 25, que fala muito de direção, usa um verbo menos comum com esse sentido de guiar: *darak* (v. 5, 9; cf. Is 42.16; 48.17).

O estudo de palavras, contudo, não nos garante compreender o sentido teológico com o qual ela é usada. *Etsa*, por exemplo, no Salmo 107.11 é sinônimo de "palavra de Deus, mandamentos" (veja o paralelo no verso), enquanto em Isaías 46.10 ela é sinônimo de "decretos". *Hepets* também pode ser apresentada como aquilo que traz "prazer" a Deus (1Sm 15.22) ou como sinônimo de "determinações" (Is 46.10).

---

2 As palavras nas línguas originais (hebraico, aramaico e grego) estão sendo transliteradas sem os sinais técnicos, para facilitar a leitura dos que não são treinados em tais idiomas.

No Novo Testamento, a palavra grega *thelema* é comumente traduzida por "vontade" (Mt 6.10; 7.21; 12.50; 18.14; 26.42; Lc 22.42; Jo 5.30; Rm 1.10; 12.2; 15.32; Gl 1.4; Ef 1.5, 9, 11; 5.17; 6.6; Cl 1.9; 1Ts 4.13; 5.18; Hb 13.21; 1Pe 2.15; 3.17; 1Jo 5.14; Ap 4.11) e o verbo *thelo* fala desse "querer" de Deus (Rm 9.18; 1Co 4.19; 15.38; Cl 1.27; Tg 4.15; 1Pe 3.17). Aqui também os sentidos são variados, às vezes pendendo para regras de vida, outras vezes, para os planos soberanos de Deus. Já o termo *boule* (Lc 7.30; At 2.23; 4.28; 20.27; Ef 1.11) é, consistentemente, traduzido por "desígnio, propósito, conselho", facilitando assim o sentido de *boulema* (Rm 9.19).

O Novo Testamento não tem muitas promessas de direção da parte de Deus.[3] O verbo *hodegeo* aparece poucas vezes, em relação ao ato de Deus nos conduzir ("guiar"; Jo 16.13; Ap 7.17). Existe a constatação de que os cristãos são "guiados" (*ago*) pelo Espírito (Rm 8.14; Gl 5.18), e de que Deus nos "conduz" (*ago*) ao arrependimento (Rm 2.4). O verbo *kateuthyno*, que aparece apenas três vezes no Novo Testamento, se refere duas vezes à direção divina em caminhos de santidade (Lc 1.79; 2Ts 3.5) e uma vez Paulo se refere, de forma mais genérica, a Deus dirigir o caminho (1Ts 3.11), provavelmente esperando que a providência divina os levasse até os tessalonicenses. Porém, tais ideias não são tão abundantes como o conceito de guiar no livro de Salmos, conforme mencionado acima. Além disso, enquanto as afirmações de Salmos costumam apresentar

---

3 O fato de não haver muitas promessas de direção abre a porta para que muitos intérpretes tomem textos descritivos, tais como Atos 8.26-40, para suprir a ausência de textos prescritivos.

direção para aquilo que é correto, o Novo Testamento não especifica que tipo de direção, mas por ser comum a todo crente, ficamos inclinados a concluir que se trata da mesma direção do Antigo Testamento (não específica, necessariamente, mas pautada pela Palavra).

James Petty se recusa a aceitar a proposta de que Deus não nos guia especificamente. Ele apresenta as histórias do Antigo Testamento (Gn 12.1; 24; Ex 13.21-22), a literatura poética e profética (Sl 5.8; 27.11; 31.3; 48.14; 139.9-10; Is 49.9-10; 58.11) e as une aos textos que demonstram direção após o Pentecostes (Rm 8.14; Gl 5.16).[4] Entretanto, em vários momentos do livro, Petty apresenta o caminho da sabedoria como a forma de Deus nos guiar. Esse caminho, sim, é mais evidente na tratativa bíblica do direcionamento.

Há ainda palavras como *eudokia* ("agrado", "boa vontade"; Mt 11.26; Lc 2.14; Ef 1.5, 9; Fp 2.13; 2Ts 1.11) que pode se referir aos propósitos soberanos de Deus, mas não somente isso, e *euarestos* ("agradável"; Rm 12.1-2; Ef 5.10; Cl 3.20; Hb 13.21) que está mais relacionado àquilo que traz honra e prazer a Deus.

Toda essa diversidade terminológica mostra duas coisas. Primeiramente, que um mero estudo de palavras nas línguas originais não resolve o problema de entender o que significa a "vontade de Deus". Segundo, que precisamos sistematizar as ocorrências da palavra "vontade", e os diferentes termos sinônimos, a fim de tirarmos algumas conclusões

---

4 Petty, *Step by Step*, p. 42-48.

teológicas importantes. A história da igreja dá testemunho de tal sistematização. Aprendamos com os teólogos do passado.

Uma vontade, várias distinções

Toda essa diversidade semântica para os diferentes termos bíblicos apresentados acima foi categorizada em aspectos diferentes da vontade. Amandus Polanus (1561-1610), o grande teólogo reformado que trabalhou na Basiléia, dizia que a vontade de Deus na realidade é uma, mas que com vistas à instrução, recebeu várias bifurcações. Uma delas afirma que a vontade de Deus pode ser "revelada" ou "oculta"; a revelada pode ser "antecedente" ou "consequente" à resposta humana; a consequente pode ser "legal" ou "evangélica" (i.e., a base de como nossas ações são julgadas). Essa, que é apenas uma das bifurcações, é vista por Richard Muller como exemplo de doutrina detalhada, não especulativa.[5] Deixe-me simplificar. É extremamente prático saber que há coisas que Deus nos revela e há outras que ele não o faz (revelada e oculta), que a sua revelação contém o que ele espera de nós e o que faz conosco em virtude de nossos atos (antecedente e consequente), e de que nossos atos serão julgados conforme estamos sob a lei ou sob a graça (legal e evangélica).

Vamos ilustrar tais distinções com uma história bíblica bem conhecida, a do profeta Jonas. *Revelada e oculta*: Deus revelara aos profetas a lei do Senhor e, por isso, não seria difícil para Jonas reconhecer o pecado de Nínive, mas Deus

---

5 Muller, *Post-Reformation Reformed Dogmatics* vol. 3, p. 444.

ocultou do mesmo o seu propósito de trazer grande redenção àquela cidade. Assim também, Deus nos revela a sua Palavra, mas oculta de nós quem ele irá salvar. *Antecedente ou consequente*: Deus mostrou ao profeta a tarefa de anunciar o juízo de Deus àquela nação ímpia e depois lhe mostrou as consequências de rejeitar seu chamado. Semelhantemente, Deus nos mostra os mandamentos a serem cumpridos e nos ensina que o não cumprimento dos mesmos acarreta disciplina. *Legal e evangélica*: Deus tratou evangelicamente a Nínive pecadora, nos dias de Jonas, porém a mesma cidade foi tratada segundo a dureza da lei, nos dias do profeta Naum. Da mesma forma, pessoas remidas são tratadas graciosamente por Deus por estarem em Cristo, muito embora tenham cometido pecados semelhantes aos pecados dos que ainda estão sob a condenação.

As distinções feitas no decorrer da história da teologia não são sinônimo de que Deus tenha vontades contrárias. As distinções são feitas com base nos diferentes objetos da vontade, mas a vontade é uma só. João Calvino (1509-1564) percebe que, às vezes, parece-nos que Deus quer coisas contrárias (ex.: Mt 23.27), pois ele deseja que sejamos submissos a ele, mas ele não nos conduz a tal submissão. Calvino afirma que, embora nos pareça que a vontade de Deus seja múltipla, ela é "uma só e indivisa". Sua sabedoria o conduz a querer, naquele momento, o que parece ser contrário à sua vontade.[6]

---

[6] João Calvino, *As Institutas*, edição clássica (São Paulo: Cultura Cristã, 2006), I.xviii.3; III.xxiv.17.

Essa aparente contradição, de Deus querer algo que ele não resolve fazê-lo, pode ser explicada pela distinção "Vontade de Prazer e Vontade de Propósito".[7]

Comentando Mateus 6.10, Calvino escreve:

> Embora a vontade de Deus, vista em si mesma, é uma e simples, ela nos é apresentada nas Escrituras de duas formas. É dito que a vontade de Deus é feita quando ele executa o conselho secreto de sua providência [...]. Mas aqui nós somos ordenados a orar para que, em outro sentido, a sua vontade seja feita, isto é, que todas as criaturas possam obedecê-lo.[8]

Calvino percebe que, embora as Escrituras falem da vontade de Deus como sendo um soberano plano cumprido, há momentos que a vontade de Deus é sinônima dos mandamentos divinos, que nem sempre são cumpridos. Aparentemente duas vontades, uma cumprida e outra não.[9]

---

7 Cf. Heber Carlos de Campos, *O Ser de Deus e os Seus Atributos* (São Paulo: Cultura Cristã, 2002, 2ª ed.), p. 383-386. Neste livro, eu não tratarei dessa distinção. O teólogo reformado Leonardus Rijssenius (1630-1716), seguindo a linha de interpretação da época, define essa vontade de Jesus como sendo preceptiva, pois se refere ao que o homem é chamado a fazer. Muller, *Post-Reformation Reformed Dogmatics* vol. 3, p. 468; cf. Francis Turretin, *Compêndio de Teologia Apologética* vol. 1, trad. Valter Graciano Martins (São Paulo: Cultura Cristã, 2011), p. 298 (III.xv.2).

8 João Calvino, *Harmony of the Evangelists*, Mt 6:10. In: www.ccel.org. Cf. Calvino, As Institutas, III.xx.43.

9 James Petty diz que no Novo Céu e Nova Terra, teremos uma convergência dessas duas vontades, onde o que, de fato acontece (providência) é exatamente o que Deus deseja (seus mandamentos). Petty, *Step by Step*, p. 81.

Teólogos reformados, que trabalharam após Calvino, exploraram ainda mais as diferentes facetas da mesma vontade. Eles entendiam que, às vezes, a vontade de Deus combinava com a vontade humana, como quando o desejo rebelde de um filho que quer a morte do seu pai combina com o que Deus determina (ex.: Absalão, veja 2Sm 12.11-12). Outras vezes, a vontade de Deus não combina com a vontade humana, como quando um filho piedoso roga para que seu pai não morra, mas Deus não o atende.[10] O segundo exemplo ilustra como nem sempre o que é nobre, honroso, e agrada a Deus, está nos planos de Deus. Em outras palavras, nem sempre o que Deus quer (uma atitude piedosa) é o que Deus quer (planos e propósitos divinos).

Um exemplo usado repetidas vezes pelos teólogos reformados do século 17 é o de Abraão. Em Gênesis 22, Deus pediu que imolasse o seu filho Isaque, mas não permitiu que o menino fosse imolado. Ele ordenou que Abraão provasse sua obediência oferecendo o seu filho, mas Deus planejou que tal sacrifício não fosse consumado. Embora esses dois atos da vontade divina sejam diferentes ("a minha vontade é que Abraão ofereça o seu filho" e "a minha vontade é que o menino não morra"), eles não são contrários, pois ambos são verdadeiros. Sendo assim, Francis Turretini (1623-1687) afirma que "Deus, sem contradição, quis que Isaque fosse oferecido e que não fosse oferecido".[11]

---

10 Heepe, Heinrich. *Reformed Dogmatics*, trad. G. T. Thomson (London: The Wakeman Trust, s.d.), p. 87.

11 Turretin, *Compêndio de Teologia Apologética* vol. 1, p. 301-302 (III.xv.18); cf. Wilhelmus à. Brakel, *The Christian's Reasonable Service* vol. 1 (Grand Rapids: Reformation Heritage Books, 1992), p. 114; Heppe, *Reformed Dogmatics*, p. 86; Muller, *Post-Reformation Reformed Dogmatics* vol. 3, p. 461.

Semelhantemente, o fato de Deus manifestar o seu prazer em salvar todo homem por intermédio da fé não está em contradição com o decreto de não salvar a humanidade toda. São vontades diferentes, por assim dizer. Turretini explica:

> A primeira indica o que é agradável a Deus, o que ele determinou impor ao homem para a obtenção da salvação, mas a segunda, o que Deus mesmo decretou fazer. Mas essas duas não entram em contradição: querer chamar à fé e à salvação, contudo negar-se a dar essa fé e salvação; querer (i.e., ordenar que o homem creia) e negar (i.e., decretar não conceder-lhe fé para que possa crer).[12]

Quem deseja é um só e ele não pode querer coisas contrárias. Sua vontade difere com respeito ao objeto (preceitos, decretos, etc.); mas, Deus não estabelece preceitos contraditórios ("não matarás" e "matarás") ou faz planos que se excluam (salvar e não salvar a mesma pessoa). As distinções servem apenas para esclarecer como o objeto daquilo que Deus "quer", isto é, da sua vontade, pode ser diferente.

A ortodoxia reformada, período de solidificação da teologia reformada após a Reforma Protestante, passou a esclarecer a vontade de Deus com distinções precisas. Muller resume as distinções em pares de palavras, algumas das quais vêm desde a era medieval.[13] A "vontade do beneplácito" (*voluntas bene-*

---

12 Turretin, *Compêndio de Teologia Apologética* vol. 1, p. 302 (III.xv.19).
13 Muller, *Post-Reformation Reformed Dogmatics* vol. 3, p. 456-473.

placiti) aponta para o bem que Deus realiza soberanamente, enquanto a "vontade de sinal" (*voluntas signi*) sinaliza o que Deus quer do homem. A "vontade absoluta" (*voluntas absoluta*) determina o que deve acontecer sem qualquer condição, enquanto a "vontade condicional" (*voluntas conditionata*) estabelece, por exemplo, a fé como condição para a salvação. A "vontade eficiente" (*voluntas efficiens sive effectiva*) diz respeito ao que Deus realiza diretamente ou através de causas secundárias, enquanto a "vontade permissiva" (*voluntas permittens sive permissiva*) se refere ao mal que Deus não impede que aconteça sem, porém, retirar o *concursus* divino exigido para a existência das coisas.[14] Algumas dessas distinções se sobrepõem, são tidas por maneiras diferentes de explicar as mesmas coisas.

O valor das distinções teológicas

Se você continua lendo até aqui é porque você é muito perseverante, mesmo quando a teologia parece mais atrapalhar do que ajudar. Todavia, tais distinções nos parecem muito difíceis porque nunca fomos treinados a pensar dessa forma. Ao menos uma utilidade elas têm, quando nos dão o seguinte alerta: se nós não aprendermos a distinguir o que queremos dizer por "vontade de Deus", produziremos muita confusão.

---

14 Em relação à vontade chamada de "permissiva", Turretin diz que "embora essa volição possa ser positiva quanto ao princípio (porquanto ele quer não impedir), é propriamente chamada de negativa quanto ao fim (o qual é um não-impedir)." Turretin, *Compêndio de Teologia Apologética* vol. 1, p. 299 (III.xv.6), tradução corrigida por mim.

Deixe-me ilustrar com um exemplo comum da política. Cristãos sempre perguntam após uma eleição: "Será que a eleição de tal pessoa foi da vontade de Deus?" Tal pergunta pode ser entendida de formas diferentes. Será que estava nos planos de Deus que tal pessoa fosse eleita? Nesse caso, a resposta é sim. Será que a eleição de tal pessoa estava em conformidade com os interesses de Deus para o nosso país? Nesse caso, a resposta pode ser não. O fato de que estava nos planos de Deus que um determinado líder fosse escolhido não significa que ele foi eleito de forma consciente e sábia pelo povo. Há muitos elementos relacionados à soberania de Deus e à responsabilidade humana, quando estudamos a vontade de Deus.

A distinção de termos nos ajuda a sermos mais precisos em nossas afirmações. Há muitos termos modernos que se mostram ignorantes ao que a tradição cristã afirmou. Cristãos frequentemente se referem à "vontade permissiva" de Deus de maneira diferente do que disseram os teólogos reformados dos séculos 16 e 17. O crente de hoje entende que quando coisas más acontecem, Deus as permite. Com isso ele imagina que Deus não é proativo, isto é, não participa ativamente delas, não tem nada a ver com elas, não intervém, mas simplesmente as permite.[15] É verdade que a Bíblia usa o verbo "permitir" (*epitrepo*) em relação aos decretos de Deus (1Co 16.7; Hb 6.3). Acontece que Deus frequentemente se mostra o feitor, o causador mor de males que nos sobrevêm e Ele não tem dificuldade de assumir a autoria (Hc 1.5-6; Is 10.5-17; 1Rs 22.19-23).

---

15 Veja Duewel, *Deixe Deus Guiá-lo Diariamente*, p. 57-60.

Para isso, é preciso entender a doutrina do *concursus* divino.[16] É certo que Deus não está por detrás do mal, da mesma maneira que ele o está por detrás do bem. Contudo, Deus apresenta seus decretos de destruição e de salvação como sendo a sua vontade. Deus não só permite que haja destruição, mas ele destrói o soberbo. Portanto, em nossos dias, o termo "vontade permissiva" pode mais atrapalhar do que ajudar.

Outro termo moderno estranho à tradição cristã e às Escrituras é a "vontade individual" de Deus. Crentes frequentemente querem saber "a vontade de Deus para a minha vida". Um casal pode questionar se Deus prefere que eles adotem uma criança ou tentem ter filhos naturais. Um profissional pode questionar se Deus quer que ele abra a sua empresa ou seja um empregado. Tais questionamentos são justos, quando analisamos qual opção expressa melhor nossa obediência aos mandamentos explicitados na Palavra. Porém, não precisamos achar que Deus prefere uma das escolhas para mim que pode ser diferente do que ele prefere para outra pessoa.

Não há nada de errado em pensar que Deus tenha planos para cada um de nós, individualmente. O salmista escreve: "Os teus olhos me viram a substância ainda informe, e no teu livro foram escritos todos os meus dias, cada um deles escrito e determinado, quando nem um deles havia ainda" (Sl 139.16). No entanto, não existe algo que Deus espera que nós façamos em obediência a ele que não seja válido para outro cristão.

---

16 Veja Heber Carlos de Campos Júnior, *Triunfo da Fé* (São José dos Campos: Editora Fiel, 2012), cap. 3.

Em outras palavras, o que ele requer de mim ele requer de todo ser humano. Um missionário não precisa ficar preocupado se está obedecendo a vontade de Deus ao ir para a África e não para o Oriente Médio. Sua preocupação tem que estar na obediência à Grande Comissão (Mt 28.18-20).

Gary Friesen está correto em combater esse conceito de "vontade individual", embora algumas de suas frases pareçam dar a entender que Deus não tenha um plano para cada vida, individualmente. No entanto, Friesen distingue entre cada um de nós termos uma parte individual no plano soberano de Deus, o que ele aceita, e haver uma vontade individual que Deus quer que você saiba.[17] Ele possui uma vontade soberana que controla cada aspecto de nossas vidas, mas Deus não tem preferência por uma escolha individual que devamos tomar. Isto é, em escolhas que não ferem a vontade moral, há uma variedade de opções potencialmente agradáveis a Deus. Os que apostam em descobrir a escolha ideal de Deus, ou se frustram em contínua busca por tal conhecimento, ou se tornam enganados ao pensar que Deus lhes deu direcionamento especial. Em suma, Friesen quer que ajamos responsavelmente, usando a capacidade dada por Deus para o exercício do bom juízo.

M. Blaine Smith concorda com vários aspectos do livro de Friesen, mas julga que não precisamos abandonar a ideia de

---

17 Veja Garry Friesen, com Robin Maxson, *Como Descobrir e Fazer a Vontade de Deus: Uma alternativa bíblica em face das opiniões tradicionais* (São Paulo: Editora Vida, 1990), cap. 5. Peter Masters lê a tese de Friesen equivocadamente, como se este negasse que Deus tenha um plano específico para a vida de cada um de seus filhos. Peter Masters, *Steps for Guidance* (London: The Wakeman Trust, 1995), cap. 1.

que Deus tenha uma vontade individual para as nossas escolhas. Abandonar esse conceito, conforme Blaine Smith, mina a confiança para se dar um passo de fé e elimina o sentido, o propósito em nossas escolhas; a individualidade fica esquecida.[18] Textos como Mateus 26.42 e João 4.34 tratam de um direcionamento pessoal para Jesus, de questões específicas e singulares de sua missão. Ele deduz que uma vontade para questões pessoais e não apenas morais – tanto o não moral quanto o moral – também exista para nós. Blaine Smith ainda toma textos como Romanos 12.1-2, que são seguidos da discussão de dons (v. 3-8), e 1 Coríntios 12.4-7, para falar da individualidade no corpo de Cristo, da singularidade que cada cristão tem e precisa descobrir a fim de provar a vontade de Deus. Reconhecer nossa individualidade é importante para compreendermos a vontade de Deus para nós.[19] Por último, Smith julga que Friesen argumenta contra a sua tese de que não há vontade individual, quando ele descreve como tomarmos decisões de forma responsável usando a direção da sabedoria para encontrar a "melhor" opção. Se há uma "melhor" opção em uma decisão, Smith argumenta que precisa haver uma escolha ideal para Deus em nossas decisões.[20]

As avaliações de M. Blaine Smith são interessantes, mas demonstram como, infelizmente, o conceito de descobrir a "vontade de Deus para a minha vida individualmente" ainda

---

18 M. Blaine Smith, *Knowing God's Will* (Wheaton, IL: InterVarsity Press, 1991), p. 230-231.
19 Smith, *Knowing God's Will*, p. 232-236.
20 Smith, *Knowing God's Will*, p. 237-238.

está muito enraizado. Primeiramente, vale destacar que a vontade preceptiva não anula nossa individualidade. Descobrimos quais os nossos dons e como servir a Deus, porque Deus nos ordena a tal; essa é a sua vontade preceptiva, como veremos no próximo capítulo. É claro que somos diferentes partes de um corpo, mas a vontade de Deus é única para todos nós, que sirvamos uns aos outros cada um conforme o dom que recebeu (1Pe 4.11). Em segundo lugar, quanto à "melhor" opção, entendemos que a sabedoria permite pesarmos os prós e os contras de cada situação e escolhermos o que nos parece mais sensato (veremos isso no capítulo 7). Porém, alguns optam pelo mais seguro, outros pelo mais ousado, na hora de abrir um negócio. Não há razões para deduzirmos que um agrada a Deus e outro não. Se a pessoa que é mais ousada é convencida pela mais conservadora a, finalmente, escolher um caminho menos arriscado, ela não vai contra a vontade de Deus para a vida dela. A definição de Blaine Smith mais confunde do que ajuda. Por último, os textos referentes à missão de Jesus eram conhecidos do Salvador. Ele sabia os detalhes de sua missão. Não podemos traçar o paralelo com especificidades de nossa missão que não conhecemos, que não nos foram reveladas. Sabemos o traçado geral de nossa missão como discípulos de Cristo, mas os detalhes são descobertos à medida que tomamos decisões sábia e responsavelmente. James Petty afirma que o que é frequentemente chamado de "vontade individual de Deus" deve ser visto simplesmente como a aplicação dos mandamentos e do caráter de Deus às especificidades da nossa vida.[21]

Outra distinção teológica estranha à história da teologia vem de Peter Masters, pastor da igreja que fora pastoreada por Charles Spurgeon. Ele estabelece que devemos buscar a direção de Deus de forma específica para as grandes decisões da vida.[22] Ele está reagindo àqueles que jocosamente exageram, ao falar em pedir orientação de Deus para saber qual marca de pasta de dente se deve escolher. Porém, Masters se equivoca ao separar grandes decisões de pequenas decisões, como se Deus só precisasse ser consultado nas coisas mais importantes. A Escritura nos conclama a fazer até atividades tão simples quanto o comer e o beber para a glória de Deus (1Co 10.31). Acontece que, para Masters, direção não está relacionada à aplicação dos princípios bíblicos a todas as áreas da vida, mas à atuação especial de Deus que complementa as diretrizes bíblicas.

Esse longo apanhado de distinções equivocadas comprova que até os bons livros sobre vontade de Deus da atualidade avaliam o assunto sem muito conhecimento da história da doutrina. Eles costumam questionar se existe uma terceira vontade, por afirmarem haver apenas duas.[23] Na verdade, só existe uma vontade em Deus, mas que pode ser entendida de forma diversificada através de várias distinções. Isso comprova

---

21 Petty, *Step by Step*, p. 101.
22 Masters, *Steps for Guidance*, p. 14.
23 Tanto o livro de Gary Friesen quanto o de James Petty expressam haver apenas 'duas vontades'. Outro bom livro que segue linha semelhante é de Kevin DeYoung, *Faça Alguma Coisa* (São Paulo: Mundo Cristão, 2012).

que, com raras exceções, evangélicos não têm aprendido a ler as Escrituras em diálogo com a história da teologia.

Por isso, é importante aprendermos das distinções teológicas sobre a vontade de Deus que se solidificaram na tradição cristã. Nós estudaremos duas distinções muito úteis para entender como o cristão deve tomar decisões embasado no que agrada a Deus: vontade preceptiva versus vontade decretiva, e vontade secreta versus vontade revelada.[24]

---

24 De acordo com Heinrich Heppe, essas duas distinções são as que melhor correspondem ao ensino bíblico. Heppe, *Reformed Dogmatics*, p. 88.

Qual é a vontade do Senhor?

III

"Seja feita tua vontade, assim na terra como nos céus."

Mateus 6.10

Já que vimos a importância de distinguir o que a Bíblia quer dizer quando se refere à vontade de Deus, vamos nos deter a duas distinções muito úteis para o entendimento desse assunto. A primeira distinção é mais comum, tanto em livros de teologia sistemática como em bons livros focados em discutir a vontade de Deus. Porém, a segunda distinção é complementar para que tenhamos uma compreensão mais holística sobre qual preocupação o crente deve ter e qual ele não deve ter em relação à vontade divina. O entendimento delas também nos proporcionará maior precisão na hora de discutirmos a vontade de Deus.

Vontade Preceptiva versus Vontade Decretiva

A palavra "preceptiva" vem de preceito, ordem, norma. A vontade preceptiva diz respeito à regra de vida para as criaturas morais. Diz respeito às leis e os preceitos prescritos por Deus nas Escrituras, para nortear nossas vidas. Um exemplo de vontade preceptiva seriam os dez mandamentos, registrados tanto em Êxodo 20 como em Deuteronômio 5. Comumente expressamos essa vontade quando dizemos: "Deus não quer que tenhamos outros deuses além dele", "Deus quer que eu ame o próximo como a mim mesmo", "Deus quer ser cultuado em espírito e em verdade". Esses exemplos testificam de que é vontade de Deus que nos conformemos à sua lei.

Há vários textos na Escritura que se referem à "vontade" de Deus com esse aspecto preceptivo. Vejamos alguns exemplos vindos de diferentes autores sacros.

> Salmo 40.8 – "agrada-me fazer a tua *vontade*, ó Deus meu; dentro do meu coração, está a tua lei."

Como o livro de Salmos usa muito paralelismo, não é difícil detectar que aqui Davi está falando a mesma ideia com vocabulário diferente. Se "agrada-me" é sinônimo de "dentro do meu coração", não é difícil deduzir que "vontade" é sinônimo de "tua lei".

> João 9.31 – "Sabemos que Deus não atende a pecadores; mas, pelo contrário, se alguém teme a Deus e pratica a sua *vontade*, a este atende."

O cego de nascença recém-curado por Jesus deu uma lição preciosa aos fariseus, supostos conhecedores da lei. Ele disse que Deus não atende "pecadores", isto é, aquele que vive escravo do pecado; mas, atende aquele que "teme a Deus e pratica a sua vontade". O ex-cego expressou o ensino principal de Eclesiastes: "De tudo o que se tem ouvido, a suma é: Teme a Deus e guarda os seus mandamentos" (Ec 12.13). Guardar os mandamentos é sinônimo de praticar a sua vontade.

> 1 Tessalonicenses 5.18 – "Em tudo, dai graças, porque esta é a *vontade* de Deus em Cristo Jesus para convosco."

Paulo está ensinando que gratidão não é só uma questão de ser educado, polido, mas é mandamento divino para que sejamos gratos em todo tempo. Por isso, o salmista conclama sua alma a cantar ao Senhor em todo o tempo e bendizê-lo por todos os seus benefícios (Sl 34; 103). Afinal, gratidão é preceito divino.

> 1 Pedro 4.1-2 – "Ora, tendo Cristo sofrido na carne, armai-vos também vós do mesmo pensamento; pois aquele que sofreu na carne deixou o pecado, para que, no tempo que vos resta na carne, já não vivais de acordo com as paixões dos homens, mas segundo a *vontade* de Deus."

Pedro está contrapondo a vontade de Deus às paixões dos homens. Ele está dizendo que nossa norma de vida não deve ser os desejos dos homens, mas os desejos de Deus. Afinal, o próprio Jesus estabeleceu esse exemplo quando, em meio ao sofrimento, ele continuava a fazer da vontade do Pai a sua comida e a sua bebida.

Há vários outros textos que utilizam a palavra "vontade" com o sentido de preceito para as nossas vidas (ex.: Sl 143.8, 10; Mt 7.21; Rm 2.17-18; 12.2; Ef 6.5-6; Cl 1.9-12; 4.12; 1Ts 4.3; Hb 13.20-21; 1Pe 2.15; 1Jo 2.17); mas, creio que esses já são suficientes para ilustrar esse significado.

É importante que façamos algumas considerações sobre a vontade preceptiva. Primeiramente, *cumprir esta vontade não é uma questão de opção*. Por exemplo, casar-se com um descrente (1Co 7.39) ou mudar de emprego por insubmissão ao patrão (Cl 3.22-25) estão claramente contra a vontade preceptiva do Senhor. A Palavra de Deus não fornece meras dicas ou sugestões para a vida, mas regras que não podemos desprezar. Isto não significa que precisamos olhar para a vontade de Deus apenas como uma obrigação, pois cumprir essa vontade também tem que ser o nosso deleite (Rm 12.2).

Em segundo lugar, *nem tudo o que é revelado é preceito, mas todo preceito é revelado*. Em outras palavras, a Bíblia não tem só preceitos, pois os desígnios de Deus são previamente declarados (ex.: profecias no Antigo Testamento sobre a primeira vinda de Cristo, ou o que o Novo Testamento diz acerca da sua segunda vinda). Porém, a Bíblia não revela só a história traçada por Deus, mas como Deus quer que participemos dessa história. O cristianismo não é como as religiões de mistério, que escondiam certas verdades dos principiantes reservando tal conhecimento aos "iniciados". Deus não esconde a sua vontade de nós. Tudo que precisamos para uma vida agradável a ele foi revelado. Essa vontade não se adivinha, mas se conhece por intermédio da Palavra e se pratica.

Em terceiro lugar, *os preceitos do Senhor devem ser o principal alvo de nosso conhecimento* (Ef 5.17), pois a vontade de Deus é a nossa santificação (1Ts 4.3). Portanto, devemos encher nossas mentes e corações dos mandamentos do Senhor a fim de que eles brotem em tempos de decisão. Nosso conhecimento das Escrituras entra em ação quando estamos numa encruzilhada e precisamos de um norte. Quando Jesus foi tentado, respondeu com a Palavra que brotou de seu coração (Mt 4). Quando Jonas foi engolido pelo peixe, orou em conformidade com o livro de Salmos (Jn 2); isto é, em tempos de aflição, trechos da Palavra lhe vieram à mente. Por isso, precisamos meditar constantemente nos mandamentos de Deus (Sl 1.1-3; Pv 6.20-22).[1]

Por último, por causa da nossa desobediência, do pecado que em nós ainda habita, *esta vontade nem sempre é cumprida*. O fato de Deus querer a nossa santificação não significa que ele determina e realiza a santificação em todos os homens. Aí entra a vontade decretiva.

---

[1] John Frame me parece confundir um pouco, quando afirma que se há uma decisão mais sábia do que a outra, então é correto dizer que a escolha sábia é a vontade preceptiva de Deus. Para Frame, a vontade preceptiva de Deus inclui não somente as palavras da própria Escritura, mas as boas consequências necessárias da mesma. John Frame, *The Doctrine of God* (Phillipsburg: P&R, 2002), p. 540-541. Julgo que o erro está em achar que nossa decisão é um preceito. Na verdade, a Escritura preceitua que busquemos sabedoria; mas, escolher entre uma fruta mais ácida ou menos ácida pode trazer algum mal-estar, porém não deve ser classificada como quebra de preceito. *A Confissão de Fé de Westminster* (I.vi) fala de princípios bíblicos dos quais sacamos a direção divina para áreas não explicitadas nas Escrituras, mas a Confissão não iguala preceito explicitamente revelado com dedução subjetivamente deduzida.

A vontade decretiva se refere aos decretos pelos quais Deus realiza a sua história, o plano que ele tem traçado para este mundo. Tudo que Deus ordenou, pré-estabeleceu para acontecer na história, faz parte da sua vontade decretiva. Por exemplo, a nossa salvação é testemunhada em toda a Escritura como um plano traçado desde a eternidade e que certamente acontecerá. Não só o derramamento de sangue do Cordeiro foi planejado desde "antes da fundação do mundo" (1Pe 1.19-20), ele não só nos predestinou, mas nossa glorificação futura é tão certa que Paulo se refere ao ato no passado (Rm 8.30), tamanha a sua certeza de que Deus termina o que começa (Fp 1.6).

Também há muitos textos em que a palavra "vontade" é usada em referência aos decretos de Deus. Vejamos alguns exemplos também de partes diferentes da Escritura, para demonstrar como essas distinções permeiam todo o livro sagrado.

> Isaías 46.9-11 – "Lembrai-vos das coisas passadas da antiguidade: que eu sou Deus, e não há outro, eu sou Deus, e não há outro semelhante a mim; que desde o princípio anuncio o que há de acontecer e desde a antiguidade, as coisas que ainda não sucederam; que digo: o meu conselho permanecerá de pé, farei toda a minha *vontade*... Eu o disse, eu também o cumprirei; tomei este propósito, também o executarei."

Isaías retrata o Poderoso Deus cumprindo toda a sua vontade, sem que qualquer um de seus planos seja frustrado

(Jó 42.1). O mesmo Isaías, três capítulos antes, registra a soberania da vontade divina: "agindo eu, quem impedirá?" (Is 43.13).

> Mateus 26.42 – "Tornando a retirar-se, orou de novo, dizendo: Meu Pai, se não é possível passar de mim este cálice sem que eu o beba, faça-se a tua *vontade*."

Diferente do que muitos pensam, esse texto não diz respeito à vontade preceptiva. Em lugar nenhum das Escrituras é ordenado ao homem morrer na cruz expiatoriamente, isto é, em lugar de outros. Jesus está se referindo ao decreto de seu Pai, ao que fora acordado no Pacto da Redenção.[2] Jesus está se submetendo ao decreto divino para a nossa redenção, ainda que o sofrimento fosse excruciante (Jo 12.27-28a).

> Romanos 1.9-10 – "Porque Deus, a quem sirvo em meu espírito, no evangelho de seu Filho, é minha testemunha de como incessantemente faço menção de vós em todas as minhas orações, suplicando que, nalgum tempo, pela *vontade* de Deus, se me ofereça boa ocasião de visitar-vos."

Paulo está usando o vocábulo "vontade" num sentido muito familiar a nós. Paulo está dizendo: "Eu pretendo visitar

---

2 Para um resumo deste pacto inter-trinitário realizado na eternidade, cf. Heber Carlos de Campos, *As Duas Naturezas do Redentor* (São Paulo: Cultura Cristã, 2004), p. 51-98.

vocês, se Deus quiser." Nós, frequentemente, fazemos promessas de ir a tal lugar "se for da vontade de Deus". Com isso, estamos nos referindo aos planos soberanos de Deus que nós não conhecemos e, por isso, não podemos ter certeza de que certas coisas darão certo. O coração do homem pode fazer planos, mas a certeza só vem se for da boca do Senhor (Pv 16.1).

> 1 Pedro 3.17 – "porque, se for da *vontade* de Deus, é melhor que sofrais por praticardes o que é bom do que praticando o mal."

Pedro está encorajando aos cristãos que sofriam a não abrirem mão de uma vida íntegra. Acontece que integridade, por vezes, levanta oposição. Os crentes não deveriam fugir da integridade a qualquer custo. Ainda que estivesse nos planos de Deus que os cristãos sofressem por fazer o bem, era melhor assim do que serem punidos por fazer o que é mal. Pedro está ensinando os cristãos a se submeterem aos decretos divinos, ainda que isso envolva sofrimento.

Há outras passagens bíblicas que se referem a essa vontade decretiva (Dn 4.35; Rm 9.19; 1Co 4.19; Ef. 1.5, 11; Ap 4.11). Cabe, agora, fazermos algumas observações sobre a vontade decretiva, em contraposição à vontade preceptiva.

Em primeiro lugar, diferentemente da vontade preceptiva, a decretiva *sempre é cumprida*. O controle que Deus tem da história independe de nosso desejo de submeter-nos a ele. Tanto ímpios quanto justos cumprem esta vontade. Até quando fazem o mal, cumprem os seus decretos (At 4.27-28). Pelo fato dessa vontade estar relacionada aos infalíveis decretos de Deus, ela sempre é cumprida. Não há quem possa deter ou impedir o Senhor. Se a vontade preceptiva se refere às coisas como elas deveriam ser, a vontade decretiva se refere às coisas como elas, de fato, são.

Em segundo lugar, essa vontade *geralmente é secreta*. Enquanto os preceitos são todos revelados, apenas uma pequena fração dos decretos nos é revelada. Deus revelou certos decretos no Antigo Testamento que já se cumpriram, e revelou outros no Novo Testamento acerca da vinda de Jesus que estão por se cumprir; mas, a maior parte dos decretos está escondida de nós. Como bem disse o teólogo holandês Wilhelmus à Brakel (1635-1711), essa "vontade pode, frequentemente, ser percebida somente em retrospecto".[3] Isto é, só quando ela acontece é que sabemos que um determinado acontecimento estava nos planos de Deus. Quando essa vontade é revelada, é para que reconheçamos a soberania do Senhor no momento em que o evento ocorrer (ex.: profecias escatológicas na Bíblia).

Em terceiro lugar, semelhantemente à vontade preceptiva, essa vontade *nos fala muito acerca do nosso Guia*. Enquanto os preceitos do Senhor revelam o seu caráter, seus decretos revelam seu poder, sua justiça, sua onisciência e seu cuidado para conosco. "Deus administra nossa vida nos mínimos detalhes. Ele não planeja apenas um ou outro evento mais importante. Glória a Deus, pois ele conhece o menor dos pardais e o cabelo mais grisalho. Nenhum dos dois cai sem que nosso

---

3 Brakel, *The Christian's Reasonable Service* vol. 1, p. 113.

Pai celestial o queira" [cf. Mt 10.29-30].[4] Os atributos de Deus e os caminhos da sua providência são a parte da história bíblica que podemos aplicar às nossas decisões. Sinclair Ferguson escreve: "É o conhecimento de Deus e dos Seus caminhos que, finalmente, nos dá estabilidade na prática da Sua vontade."[5] Ferguson está dizendo que o pouco que conhecemos da vontade decretiva dá-nos segurança de que o caminho da vontade preceptiva é um caminho seguro.

A distinção que acabamos de explicar, entre vontade preceptiva e vontade decretiva, ajuda-nos a responder, de forma mais cuidadosa, as perguntas feitas no início do capítulo 1. *Você sempre cumpre a vontade de Deus?* A preceptiva não, a decretiva sim. *Você sabe a vontade de Deus para a sua vida? Sempre?* Deveria conhecer a vontade preceptiva toda, mas falho em não conhecer seus diferentes mandamentos. *Em que área você acha que os crentes têm mais dificuldade em saber a vontade de Deus?* Talvez alguém dissesse: "Em áreas que Deus não revelou em sua Palavra." É verdade que somos limitados em saber os decretos de Deus específicos para a nossa vida. Porém, a expectativa errada está em achar que Deus quer nos revelar tais detalhes. Isso nos leva à próxima distinção.

Vontade Secreta versus Vontade Revelada

A maioria dos livros teológicos contemporâneos falam da vontade preceptiva e da vontade decretiva (ponderam sobre

---

4 DeYoung, *Faça Alguma Coisa*, p. 22.
5 Ferguson, Sinclair. *Descobrindo a Vontade de Deus* (São Paulo: PES, 1997), p. 9.

a direção como uma possível terceira vontade); mas, há outra distinção que não é comum nos livros modernos sobre a vontade de Deus, mas que ajuda bastante a reforçar o ponto que estamos trabalhando: *vontade secreta* versus *vontade revelada*. Essa distinção comum aos teólogos do passado é semelhante à distinção anterior, mas não é idêntica.

A vontade secreta diz respeito aos decretos de Deus; mas, como já vimos, Deus revelou alguns de seus decretos. O importante é destacar que a vontade secreta não compete a nós conhecermos. Tudo que Deus queria que nós soubéssemos (os preceitos de vida) ele nos revelou em sua Palavra. Desejar conhecer o que está além da Bíblia é dizer que ela não é suficiente para guiar nossas vidas.

Pouco antes de o povo entrar na terra prometida, ao concluir sua revisão de toda a lei de Deus revelada a Israel, Moisés escreveu: "As coisas encobertas pertencem ao Senhor, nosso Deus, porém as reveladas nos pertencem, a nós e a nossos filhos, para sempre, para que cumpramos todas as palavras desta lei" (Dt 29.29). Moisés proíbe o povo de, curiosamente, perscrutar os desígnios secretos de Deus e dizer qualquer coisa acerca deles. Por outro lado, temos que conhecer e fazer conhecido aquilo que foi revelado para a nossa conduta (preceitos).

Tiago falou sobre coisas que nós sabemos que estão escondidas de nós, mas nem sempre atentamos a isso. "Atendei, agora, vós que dizeis: Hoje ou amanhã, iremos para a cidade tal, e lá passaremos um ano, e negociaremos, e teremos lucros. Vós não sabeis o que sucederá amanhã. Que é a vossa vida? Sois, apenas, como neblina que aparece e logo se dissipa"

(Tg 4.14). Tiago está se referindo aos decretos de Deus, sobre as nossas vidas, que nos são desconhecidos. Logo após ele escrever "vós não sabeis o que sucederá amanhã", ele não diz "mas procurem saber". Não! Nós sabemos que é desconhecido e é para ficar desconhecido.

Essa vontade é insondável (Rm 11.33-34). Há coisas que Deus não nos permite conhecer (At 1.7; Mc 13.32). A Bíblia proíbe procurarmos saber o amanhã através de meios pagãos (cartomantes, adivinhos, astrologia, etc.), mas também não promete dar-nos conhecimento do mesmo através de meios "cristãos" (sonhos, falar ao nosso coração, etc.). Não devemos buscar o que Deus não intentou revelar. Fazê-lo é agir como os descrentes, inquietos por conhecer o amanhã (ex.: horóscopo). A lógica de muitos crentes é defeituosa. Eles pensam assim: "Se Deus tem um plano, ele quer que eu descubra." Veja como Bruce Waltke e Jerry MacGregor respondem a essa expectativa: "O simples fato de Deus ter um plano não significa que ele, obrigatoriamente, tenha intenção de compartilhar esse plano com você; de fato, a mensagem do livro de Jó, em parte, é que Deus, em sua soberania, pode permitir que coisas terríveis lhe aconteçam e talvez, você nunca saiba o motivo."[6]

Meu pai conta que um presbítero da igreja em que ele cresceu, homem muito piedoso e amado pela igreja, adoeceu de câncer na garganta e, assim, entristeceu a muitos. Um dia, ele sonhou que Deus havia pincelado a sua garganta, curando-o.

---

6 Bruce Waltke, e Jerry MacGregor, *Conhecendo a Vontade de Deus para as decisões da vida* (São Paulo: Cultura Cristã, 2001), p. 22.

Ele testemunhou seu sonho na igreja de forma vibrante e a igreja se regozijou muitíssimo com ele. Um mês depois ele faleceu, de câncer.

Essa história me ensinou que, às vezes, desejamos que certas coisas sejam os planos de Deus para nossas vidas quando, na verdade, não o são. Podemos ser enganados por nós mesmos a pensar que sabemos as portas que o Senhor irá nos abrir quando, de fato, ele nunca intentou revelar-nos. Mas por que ele não nos mostra os seus planos para as nossas vidas? Ele não quer que vivamos por vista, mas por fé.

A vontade revelada, por outro lado, é para que nós a conheçamos bem. As suas diretrizes de vida não são escondidas de nós. Deus espera que o obedeçamos; mas, ele regula como deve ser o nosso caminhar. A maravilha está em saber que a vontade revelada abrange não só a lei, mas também o evangelho. Isto é, Deus não revela só o que ele quer de nós (preceito), mas também o que ele quer para nós (promessa).

Paulo deixa muito claro que o que Deus quer de nós está explícito. Ele ordena aos Efésios: "Procurai compreender qual a vontade do Senhor" (Ef 5.17). Se devemos procurar compreender, é porque essa vontade pode e deve ser conhecida. Aos Tessalonicenses, ele diz qual é esta vontade com todas as letras: "Pois esta é a vontade de Deus: a vossa santificação, que vos abstenhais da prostituição" (1Ts 4.3).

A vontade revelada cabe a você conhecer. Procure conhecer o que Deus "quer" (preceito) para a sua vida. Conheça bem as Escrituras, para que você saiba aplicá-la para todas as áreas da sua vida. Esta "vontade", Deus exige que eu conheça.

Conhecer esta vontade evitará perguntas tolas, do tipo "Será que isso é pecado?". Quem faz perguntas dessa natureza ("será que é vontade de Deus que eu proceda corretamente no namoro?", ou "será que é vontade de Deus que eu me divorcie?", "será que é vontade de Deus que eu ame aquele meu inimigo?", "será que Deus vai me perdoar se eu me juntar com o meu namorado?") demonstra desconhecimento da vontade revelada de Deus.

Kevin DeYoung faz uma aplicação que demonstra como temos invertido a ordem das coisas: "Somos obcecados pelas coisas sobre as quais Deus não se manifestou e talvez nunca se manifeste. Ao mesmo tempo, gastamos pouco tempo em todas as coisas que Deus já nos revelou na Bíblia."[7] Não podemos sucumbir a esse desequilíbrio de se preocupar mais com o que Deus não intentou revelar do que com o que ele já revelou.[8]

---

7 DeYoung, *Faça Alguma Coisa*, p. 49.
8 "Se nossa meta é penetrar nos aspectos ocultos de Sua vontade, então embarcamos numa tarefa de tolos. Estamos tentando o impossível e indo atrás do intocável. Tal meta não é somente um ato de tolice, mas também um ato de presunção. Há um sentido muito real em que a vontade secreta do conselho secreto de Deus não é da nossa conta, e está fora dos limites de nossas investigações especulativas... Aos cristãos é permitido, num sentido, tentar discernir a vontade de Deus, por meio da iluminação pelo Espírito Santo, e por confirmação pelas circunstâncias de que estamos fazendo a coisa certa. Contudo, como vamos descobrir, a procura pela direção providencial deve sempre estar subordinada a nosso estudo da vontade revelada de Deus." R. C. SPROUL, *Discípulos Hoje* (São Paulo: Cultura Cristã, 1998), p. 161.

Aplicando as distinções teológicas

IV

"Rogo-vos, pois, irmãos, pelas misericórdias de Deus, que apresenteis o vosso corpo por sacrifício vivo, santo e agradável a Deus, que é o vosso culto racional. E não vos conformeis com este século, mas transformai-vos pela renovação da vossa mente, para que experimenteis qual seja a boa, agradável e perfeita vontade de Deus."

Romanos 12.1-2

Há um preconceito moderno muito comum contra teologia; mais especificamente, contra teologia sistemática. Em algumas igrejas, os membros são "doutrinados" (que ironia!) a pensar que teologia faz mal, pois a letra mata (mau uso de 2Co 3.6). Já em contextos teológicos, o preconceito comum é de que teologia sistemática é uma área especulativa da teologia.

Antes desse preconceito moderno, porém, a teologia reformada procurava ser prática e aplicável à vida dos crentes. O grande puritano William Ames (1576-1633), em seu famoso manual de teologia, definiu a teologia como "a doutrina ou o ensino de viver para Deus".[1] Gisbertus Voetius (1589-1676), considerado por alguns o maior teólogo holandês do século 17, era conhecido por aliar conhecimento e piedade.[2] O *Catecismo de Heidelberg* (1563), uma das mais significativas exposições da fé reformada do século 16, é um atestado de quão pastoral pode ser toda a teologia. Portanto, desde os primórdios da fé reformada, houve um interesse em destacar a praticidade da teologia sistemática.

O propósito desse capítulo é começar a mostrar a praticidade da teologia. A próxima parte do livro irá ainda além no aspecto prático, mas este capítulo visa demonstrar como devemos responder à vontade preceptiva e a vontade decretiva, contidas na vontade revelada.

"Procurai compreender qual a vontade do Senhor"

O texto de Efésios 5.17 traz uma ordenança. A Escritura ordena que conheçamos a vontade de Deus para nós. Não pode haver indiferença. Esse é o caminho para sermos sábios e remirmos o tempo. O que essa ordenança quer dizer?

O contexto da passagem nos exorta a andarmos "não como néscios e sim como sábios" (v. 15). O próximo contraste faz paralelo com este: "Não vos torneis insensatos, mas procurai compreender qual a vontade do Senhor" (v. 17).

---

1 William Ames, *The Marrow of Theology*, trad. John Dykstra Eusden (Grand Rapids: Baker, 1997), p. 77.
2 Cf. Joel R. Beeke, "*Gisbertus Voetius: Toward a Reformed Marriage of Knowledge and Piety*". In: Carl R. Trueman, e R. S. Clark, *Protestant Scholasticism: Essays in Reassessment* (Carlisle: Paternoster, 1999), p. 227-243.

Se "não andar como néscio" é sinônimo de "não se tornar insensato", então a segunda parte de cada contraste também podem ser vistas como sinônimas. Como Calvino bem observa, "Paulo define *sabedoria* como *entender qual é a vontade do Senhor*."[3] Isto significa que "sabedoria" nas, Escrituras, tem um caráter eminentemente moral.

Paulo queria que os Efésios conhecessem preceitos a fim de cumpri-los (Ef 6.6), não decretos reservados à soberania de Deus (Ef 1.5, 11). A ênfase está em conhecer a vontade preceptiva. A própria Epístola aos Efésios é dividida de tal forma que a vontade decretiva concernente à nossa salvação (capítulos 1 a 3) seja a base cognitiva para que andemos em conformidade com essa salvação (capítulos 4 a 6). Em outras palavras, Paulo descortina um pouco da vontade decretiva de Deus, a fim de encorajar os efésios a obedecerem a vontade preceptiva. Essa é a preocupação do apóstolo.

Os evangélicos contemporâneos têm errado por desejarem um vislumbre do seu futuro pessoal. Parecemos mais interessados no nosso horóscopo do que em nossa obediência. "Deus tem um plano específico para nossa vida, mas não é isso que ele espera que adivinhemos antes de tomar uma decisão. Não estou dizendo que Deus não nos ajuda a tomar decisões... É bom confiar na vontade decretiva de Deus. Seguir sua vontade preceptiva é obedecer-lhe. Mas esperar por sua vontade diretiva é apelar à confusão."[4] O que Kevin DeYoung está

---

3 Calvino, *Efésios*, in loc.
4 DeYoung, *Faça Alguma Coisa*, p. 27, 28-29.

dizendo é que não devemos nos preocupar com uma terceira vontade misteriosa de Deus para a nossa vida. Eu prefiro explicar que o nosso problema não é desejar conhecer uma terceira vontade, mas perscrutar os planos ou decretos de Deus, que fazem parte de sua vontade secreta.

Ao invés de curiosidade ímpia acerca dos decretos de Deus para nossa vida, devemos nos aplicar à prática da piedade. Temos que nos preocupar em termos um coração mais parecido com o do Senhor, para que os nossos pensamentos, desejos e emoções sejam parecidos com os dele (At 13.22; 1Co 2.16; 2Co 10.5; Fp 2.5-11). Quando nossos desejos são os dele, nós agradamos ao Senhor e ele, naturalmente, satisfaz os nossos desejos (Sl 37.4; Pv 16.3) que são iguais aos dele. Em lugar de descobrirmos a vontade divina para, então, nos entregarmos a Deus, a Escritura nos ordena a nos oferecermos a Deus para, então, experimentarmos como a vontade de Deus é boa e agradável (Rm 12.1-2).

Não é verdade que Deus só se agrada do caminho espinhoso. Às vezes, temos medo de escolher o caminho mais confortável por achar não provir de Deus. Não é, necessariamente, assim. Certa vez, um pastor parente meu expressou sua dúvida entre dois campos ministeriais e estava mais propenso para aquele que era mais árduo. Expressei a ele que nem sempre o mais difícil é o que agrada a Deus. Deus tem prazer em satisfazer os desejos daqueles que o amam.

Por outro lado, muitos dos nossos desejos não são atendidos porque não combinam com a vontade preceptiva de Deus (Jo 15.7; Tg 4.3). Nesses momentos, o caminho sacrificial da cruz, onde dizemos "não" para o nosso "eu", é o caminho mais agradável a Deus (Mt 16.24-25). O objetivo da vida cristã é fazer nossa vontade mais e mais conformada à dele; isto é, nossos planos em conformidade com os preceitos dele.

Submissão à vontade soberana de Deus

Quando estamos buscando conhecer algo que Deus não promete nos revelar antecipadamente (os decretos de Deus sobre a nossa vida, especificamente), queremos ter um grau de controle sobre o destino de nossa caminhada. Queremos conhecimento antecipado para não errarmos, termos uma vida livre de tropeços e contratempos. Esse desejo por conhecer os planos de Deus é resultado de nossa ansiedade. Tal sentimento é pecaminoso, pois almeja ter controle sobre aquilo que Deus não nos dá o privilégio de controlar.

Em um sermão baseado em Filipenses 4:6, intitulado *Contra a preocupação ansiosa*, o puritano David Clarkson (1622-1686) falou da submissão de nossa vontade à vontade divina, referindo-se aos planos soberanos de Deus. Ele pergunta:

> Por que somos tão preocupados e prontos a evitar as aflições e sofrimentos, ou tão cuidadosos em escapar deles quando nos sobrevêm, senão porque desejamos viver tranquila, agradável e prosperamente? Essa é a nossa vontade, e ela está tão fixada nisso que não consegue ceder a uma condição humilde e aflita, embora seja a vontade de Deus fazê-lo conosco [...]. Ó, que orgulho horroroso se faz presente aqui, que

rebelião contra a soberana vontade do Altíssimo! Como ousamos antecipar a Deus em nossas preocupações, e nos incomodar com pensamentos de realizar a nossa vontade, ainda que a vontade de Deus seja contrária! Ó, humilhem-se para tal! Importunem o Senhor para lhes dar corações de carne, onde uma submissão à vontade divina será mais palatável e mais facilmente cumprida... Se você conseguir se submeter à sua vontade em todas as coisas, você não terá preocupações com nada.[5]

O que Clarkson está constatando é que a vontade decretiva de Deus inclui aflições para o seu povo (1Pe 3.17; 4.19) e não devemos nos revoltar em relação a isso.

Quando Paulo expressa a certeza de que o plano de Deus para a vida dos seus filhos é infalivelmente bom (Rm 8.28-30; Fp 1.6), ele está afirmando que todos nós trilhamos o "plano A" de Deus para as nossas vidas. Ainda que as coisas aparentem estar erradas, que o cristão não esteja experimentando o melhor de Deus para a sua vida (essa era a ótica de Asafe, no início do Salmo 73), a Escritura afirma que "todos nós [...] somos transformados, de glória em glória, na sua própria imagem" (2Co 3.18). E tal controle soberano de Deus sobre nossas vidas não pode desanimar-nos de buscar uma vida de oração e boas obras. A Escritura apresenta exatamente o contrário.

---

5 David Clarkson, *The Practical Works of David Clarkson* vol. 2 (Edinburgh: The Banner of Truth Trust, 1988), 169-170.

É porque Deus pode todas as coisas, que eu sei que minhas preces e meu trabalho não são vãos.

Outro puritano, John Flavel (1628-1691) aplica a doutrina da providência à preocupação em descobrir a vontade de Deus. Ele começa afirmando a importância de distinguir a vontade entre secreta e revelada, sendo que a primeira é a regra das ações divinas e a segunda das ações humanas.[6] No passado, Deus revelou caminhos a homens como Samuel e Davi de forma especial e peculiar, mas não devemos esperar o mesmo em nossos dias.[7] É verdade que Deus pode nos dar dicas de sua vontade pela sua providência, mas a providência não é uma regra segura para descobrir a vontade de Deus. Afinal de contas, há certos caminhos que levam ao sucesso, mas que são ímpios.[8] Por isso, a providência deve ser vista sempre em subserviência à Palavra de Deus e aos ditames de nossa consciência. Às vezes,

---

6 John Flavel, *The Mystery of Providence* (Edinburgh: Banner of Truth, 1963), p. 185. Flavel aprofunda as distinções, ao dizer que a vontade revelada pode ser manifesta a nós tanto em sua Palavra, quanto em suas obras. A primeira é a sua vontade de mandamentos, e a segunda é vontade efetiva (quanto ao bem) ou permissiva (quanto ao mal). Há variação também quanto à clareza das coisas reveladas e ao entendimento das pessoas a quem é revelado.

7 "Mas agora todos estamos amarrados à permanente e ordinária regra da palavra escrita e não devemos esperar quaisquer revelações extraordinárias de Deus. A forma como nós agora podemos conhecer a vontade de Deus em relação à nós, em casos difíceis, é buscando e estudando as Escrituras, e onde não encontrarmos alguma regra particular ou caso particular para guiar-nos nisso, então devemos aplicar regras gerais e governar nossas vidas de acordo com a analogia e proporção que elas sustentam uma à outra." Flavel, *The Mystery of Providence*, p. 186.

8 "Nenhum sorriso ou sucesso da providência poderia nos encorajar a prosseguir nisso [em contraposição a uma regra escriturística]; por outro lado, nenhum franzir ou desencorajamento da providência deveria nos desanimar no caminho de nosso dever". Flavel, *The Mystery of Providence*, p. 187.

Deus demonstra a sua fidelidade em atender nossas orações; mas, por vezes, períodos de aflição apontam para a necessidade de nos humilharmos perante o Senhor e buscarmos força nele. A sabedoria divina ensina-nos a distinguir as estações e compreender qual a nossa postura em cada uma delas.[9]

Quando a providência é considerada humildemente, ela nos faz sábios. O Salmo 90 diz que aquele que reconhece a limitação de seus dias adquire coração sábio (Sl 90.12). Aquele que observa o constante cuidado de Deus em providenciar sustento ao seu povo (Sl 37.25), não vive ansioso por coisas que preocupam ímpios (Mt 6.31-32). Em ambos os casos, na observação da transitoriedade da vida e do sustento de nosso Pastor, não adquirimos respostas de Deus para nossas decisões, mas tornamo-nos mais sábios para tomá-las.

A próxima parte do livro visa apresentar esse caminho de sabedoria para a tomada de decisões. Caminhemos por ele, passo a passo.

---

9 Flavel, *The Mystery of Providence*, p. 189-190.

PARTE II

TRILHANDO O CAMINHO DA SABEDORIA

Orientação em áreas cinzas

> **V** "Se, porém, algum de vós necessita de sabedoria, peça-a a Deus, que a todos dá liberalmente e nada lhes impropera; e ser-lhe-á concedida. Peça-a, porém, com fé, em nada duvidando; pois o que duvida é semelhante à onda do mar, impelida e agitada pelo vento."
>
> Tiago 1.5-6

A maioria dos crentes quer saber a vontade de Deus em áreas em que não há certo ou errado, nem branco nem preto, moralmente falando. Porém, buscam a vontade de Deus para tais decisões (profissionais, afetivas, ministeriais, familiares) como se houvesse um caminho certo e um caminho errado. Já vimos como essa preocupação não é sadia.

Agora, partiremos para a forma como a teologia nos ensina a tirar das Escrituras diretrizes para as áreas nas quais ela não explicita o que fazer. Na verdade, como a maioria de nossas decisões se refere a atitudes sobre as quais a Bíblia não tem resposta clara, precisamos saber como agir. Não é verdade que temos liberdade para fazermos o que quisermos, como se nossas escolhas não expressassem o que é santo ou o que é pecaminoso. Contudo, precisamos saber como é que a Escritura nos é útil para tais decisões.

As Escrituras e assuntos adiáforos

A palavra "adiáfora" significa "aquilo que nem é obrigatório, nem é proibido", "aquilo que é moralmente indiferente". Esse termo tem sido usado no meio teológico, para se referir a casos em que não há certo ou errado, em si mesmos. Estudar nesta ou naquela faculdade, morar nesta ou naquela cidade, comprar esta ou aquela casa são opções que podem estar atreladas a motivações pecaminosas ou não.

Todavia, em si mesmas, elas são consideradas moralmente neutras. Portanto, não devemos nos martirizar por não sabermos qual faculdade, ou qual emprego, dentre as opções que temos, é o centro da vontade de Deus para as nossas vidas. Não há nada biblicamente proibitivo quanto a estudar em uma faculdade particular ao invés de pública, ou de ser engenheiro ao invés de pastor. Entretanto, a maioria dos crentes se aflige no desejo de ter alguma luz de Deus para tais decisões. Por um lado, não espere por orientação "especial" da parte do Senhor em áreas que ele já revelou a sua vontade. Isso seria menosprezar as Escrituras. Por outro lado, não pense que ele lhe dará as coordenadas para cada decisão específica de sua vida. As Escrituras são a norma para que tomemos decisões a partir de princípios bíblicos.

A *Confissão de Fé de Westminster* (1646) é um documento reformado que traduz essa preocupação com as seguintes palavras:

Todo o conselho de Deus concernente a todas as coisas necessárias para a glória dele e para a salvação, fé e vida do homem, ou é expressamente declarado na Escritura ou pode ser lógica e claramente deduzido dela. À Escritura nada se acrescentará em tempo algum, nem por novas revelações do Espírito, nem por tradições dos homens; reconhecemos, entretanto, ser necessária a íntima iluminação do Espírito de Deus para a salvadora compreensão das coisas reveladas na palavra, e que há algumas circunstâncias, quanto ao culto de Deus e ao governo da Igreja, comum às ações e sociedades humanas, as quais têm de ser ordenadas pela luz da natureza e pela prudência cristã, segundo as regras gerais da palavra, que sempre devem ser observadas (I.6).

De acordo com esse parágrafo, as questões adiáforas precisam ser avaliadas "pela luz da natureza e pela prudência cristã, segundo as regras gerais da Palavra". Isto é, a partir das diretrizes gerais da Escritura, os cristãos tomam decisões pesando as circunstâncias e conforme a sabedoria do alto.

Como fazer isso? Como podemos utilizar os princípios gerais da Escritura para decisões aparentemente indiferentes? Quero extrair um exemplo baseado nas perguntas que Sinclair Ferguson[1] suscita a partir de textos como 1 Coríntios 6.9-20 e 10.23-11.1. Esse meu exemplo levará em consideração

---

1 Adaptadas do capítulo 5 de Sinclair Ferguson, *Descobrindo a Vontade de Deus* (São Paulo: PES, 1997).

as várias realidades da vida no exterior, que eu presenciei enquanto morava nos Estados Unidos da América. Vale lembrar que, no capítulo 6, Paulo está tratando de sexualidade claramente imoral, enquanto no contexto do capítulo 10, Paulo estava tratando do problema de poder ou não comer carnes sacrificadas a ídolos. Isto é, era comum obter carnes em mercados que já haviam sido utilizadas em sacrifícios pagãos. A pergunta que dividia partidos entre os coríntios era: pode ou não pode? É pecado ou não comer essa carne? Vamos aplicar essa situação à vida nos Estados Unidos.

A primeira pergunta que podemos levantar dessas passagens deve ser: *é lícito?* (1Co 6.12; 10.23). Paulo proibira aos coríntios a participação em festivais religiosos pagãos, onde o crente se faria participante da idolatria (1Co 10.14-22). Qualquer decisão precisa, primeiramente, passar pelo crivo da moralidade. Se algo é ilícito, imoral, então não pode ser uma opção viável para cristãos. Lembro-me de ouvir cristãos, empolgados por trabalhar nos Estados Unidos da América, que se iludiam (ou apenas se faziam de ingênuos) com o fato de terem recebido visto por dez anos. Acontece que o visto era válido apenas para múltiplas viagens curtas no prazo de dez anos, não para permanência contínua. Portanto, era ilícito permanecer no país com o fim de levantar recursos financeiros, por mais nobre que fosse a causa (ex.: ajudar a família).

A segunda pergunta deve ser: *é benéfico para mim? Isto é, mesmo sendo lícito, convém? Edifica?* (1Co 6.12; 10.23). Há certas coisas que não são erradas, mas que não nos edificam. Lembro-me de um amigo pastor que fazia o seu mestrado nos Estados Unidos, e se destacava a tal ponto que seus professores e eu também o encorajávamos a prosseguir os seus estudos, indo para o doutorado. Sua resposta me impactou profundamente. Ele decidiu voltar ao Brasil logo após o término do mestrado porque sentia muita falta de pastorear uma igreja local. Meu amigo entendera que aquilo que edifica tem prioridade sobre a oportunidade "imperdível".

A terceira pergunta deve ser: *é escravizante?* (1Co 6.12b). Qualquer coisa lícita que venha a nos escravizar (trabalho, estudo, família) toma o lugar de Deus. Era muito comum presenciar brasileiros que apostaram as suas vidas no sonho americano, e acabaram tornando-se escravos do trabalho. Tinham jornadas muito mais longas do que qualquer emprego no Brasil e não tinham tempo para uma vida tranquila. O lícito se tornara escravizante.

A quarta pergunta extraída das passagens deve ser: *é útil para outras pessoas?* (1Co 10.24, 28-29, 32-33). Paulo estava explicando que não pecava aquele que comia carne sacrificada a ídolo, mas cuja consciência não o acusava (1Co 10.25-26). Se, porém, estivesse diante de pessoas para as quais comer seria causa de tropeço, então não deveria fazê-lo. Presenciei muitos alunos internacionais deixando esposas e filhos para trás, com o propósito de obterem um grau de uma escola americana conceituada. Tal atitude não poderia ser considerada meramente "cultural", como se fosse neutra. Afinal, o apóstolo proíbe o delongado afastamento de marido e mulher (1Co 7.5). Portanto, a decisão de estudar nos Estados Unidos da América só seria correta se fosse abençoadora para as pessoas ao nosso redor.

A quinta e última pergunta seria: *glorifica ao Senhor?* (1Co 10.31). Essa pergunta, aparentemente genérica, ensina-nos a colocar as nossas motivações no devido lugar. Será que tomamos tal decisão porque honra ao Senhor? Lembro-me com muita alegria de conhecer pessoas que estavam buscando o seu grau no exterior, com a disposição de serem enviados para outra nação quando terminassem; queriam ser missionários na área da educação teológica. Isto é, não buscavam prestígio, mas ferramentas de serviço. E queriam estar onde fossem úteis.

Tais perguntas são apenas ilustrações de como aplicamos a Palavra a assuntos indiferentes. John Frame[2] proporciona outro exemplo ao falar da escolha entre morar em uma cidade ou outra. Quando temos a ansiedade por descobrir o plano específico de Deus para nós, geralmente formulamos a pergunta assim: "Senhor, em que cidade devo morar?" A ideia de "dever" transmite a noção de que só há uma escolha que agrada a Deus. Mesmo que haja uma escolha que seja mais santa, Deus não promete nos mostrar qual seja. Ele quer que ponderemos em cima de sua Palavra. Frame sugere as seguintes considerações:

- Onde eu posso utilizar melhor os meus dons?
- Qual local oferece maiores tentações, as quais devo evitar?
- Que lugar oferece melhores oportunidades para crescimento cristão (uma igreja saudável[3])?

---

2 Frame, *The Doctrine of God*, p. 540.
3 Lembro-me de uma família da igreja norte-americana que frequentei voltar da Flórida para Michigan (extremos do país), deixando um bom emprego, principalmente por causa da igreja que julgavam não ter encontrado equivalente.

Observe que Frame chama a atenção para três áreas importantes da vida cristã: serviço (1Pe 4.11), mortificação (Cl 3.5), e crescimento (2Pe 3.18). Ele demonstra como a escolha de uma região para morar pode influenciar nossa vida cristã como um todo. Por isso, devemos priorizar tais questionamentos sobre outras preocupações: se a casa agradou a esposa (motivação: ausência de conflito), se a escola para as crianças é de qualidade (motivação: competitividade), se a moradia é próxima do trabalho, se eu não vou pegar muito trânsito (motivação: conforto e qualidade de vida), etc. Não que esses últimos questionamentos não sejam válidos. Porém, infelizmente, a maioria dos crentes só pondera sobre eles e nunca sobre as primeiras perguntas apresentadas.

Liberdade de consciência

James Petty usa uma ilustração interessante para tratar dos assuntos indiferentes. Ele apresenta três círculos concêntricos que demonstram os diferentes graus de clareza nas Escrituras, com relação às nossas decisões.[4] O primeiro círculo, o mais central deles, contém as proibições explicitadas nas Escrituras (não matar, não adulterar, não adorar ídolos, etc.). Estas são muito claras e, portanto, qualquer decisão que tivermos que tomar, que envolva um preceito como esse, não é tão difícil de discernir qual a vontade de Deus. Esses não são assuntos adiáforos.

---

4 Petty, *Step By Step*, p. 103-105.

O segundo círculo diz respeito aos mandamentos positivos que envolvem escolhas sobre como obedecê-los. "Por exemplo, quando eu chego em casa do trabalho, eu preciso escolher se gasto algum tempo conversando com minha esposa ("maridos, amai as vossas esposas") ou atender um telefonema urgente de um aconselhado ("apascentai o meu rebanho"). Eu não consigo fazer ambos de uma vez. Se eu tentar, eu criarei problemas em ambas as frentes."[5] Escolher quanto tempo eu devo gastar com os meus filhos e quanto tempo eu me envolvo no trabalho da igreja também se insere nesse segundo círculo. Ambas as situações apresentam escolhas que expressam amor ao próximo, mas decidir o que fazer envolve discernimento e priorização.

Os exemplos acima lidam com uma área com a qual quase todos os crentes se afligem: a administração do tempo. São frequentes as reclamações, até entre cristãos, de que falta tempo para fazer tudo que queremos fazer. Se alguém ama ler, quer ler mais livros do que consegue fazê-lo. Se alguém gosta de música, quer aprender mais instrumentos do que consegue praticar. Temos a impressão de que nunca dá tempo de fazer o que planejamos. E quando você expressa a sua frustração por não conseguir fazer tudo o que quer, alguém sempre brinca: "o que você faz da meia noite às seis da manhã?"

Ao pensar assim, demonstramos que nossa expectativa para nós mesmos está dissonante com o tempo que Deus nos

---

5 Petty, *Step By Step*, p. 104.

disponibilizou.[6] Nosso senso do que devemos fazer é diferente do de Deus. Carecemos de maior discernimento para decidirmos o que é possível fazer e o que não é. Essa é a sabedoria exigida nas decisões relacionadas ao segundo círculo.

O terceiro círculo ilustrado por James Petty, que circunda os outros dois, adentra a esfera da liberdade cristã. Esses são os assuntos indiferentes, nos quais não há preferência de Deus quanto ao que escolhemos. Há decisões, dentro dessa esfera, que ninguém discute se é vontade de Deus ou não (que par de meias eu escolho usar, ou que tipo de cozinha internacional eu escolho para o jantar). Porém, há outras práticas, dentro dessa terceira esfera, que sempre foram motivo de controvérsia entre cristãos: consumir bebida alcoólica, dançar, ouvir certas músicas, ocupar cargo político, etc. Uns sempre impuseram regras para não praticá-las, outros tentaram defender sua legitimidade.

Em questões como essas, a *Confissão de Fé de Westminster* tinha uma preocupação muito grande em salvaguardar a liberdade de consciência, para assuntos que a Escritura não proibisse explicitamente:

> Só Deus é Senhor da consciência, e ele deixou livre das doutrinas e mandamentos humanos que em qualquer coisa, sejam contrários à sua palavra [...]. Assim crer em tais doutrinas ou obedecer a tais mandamentos como coisa de consciência é trair a verdadeira liberdade de consciência. (XX.2).

---

6 Petty, *Step By Step*, p. 112.

De acordo com G. I. Williamson, esse trecho da confissão nos ensina que Deus é o Senhor da consciência e sua Palavra é a regra, de que regras humanas não devem prender a consciência e que é pecaminoso sujeitar-se a tal escravidão.[7] O que isso nos ensina é que os escandalizados por tal prática não podem tornar pecaminoso o que a Bíblia não coloca no primeiro círculo. Por outro lado, quem não se escandaliza não pode praticar algo sem a preocupação com o bem-estar do escandalizado.

Há, portanto, duas lições no âmbito da liberdade de consciência que precisamos refletir. A primeira é que não podemos ferir a liberdade alheia, impondo regras que são reflexo de nossos padrões e costumes antes que princípios morais eternos. A segunda lição, muito bem destacada por Petty,[8] é que mesmo em áreas indiferentes, as motivações nunca são indiferentes. Podemos pecar ao fazer algo indiferente, simplesmente porque nossa motivação não é santa (escandalizar o próximo).

Percebe-se, assim, que precisamos ser cuidadosos com nossas decisões até nessas áreas acinzentadas.

Começando a encontrar o caminho

A primeira parte do livro nos apresentou o dever de crescer no conhecimento da vontade preceptiva e na submissão à vontade decretiva. Esse é o espírito da oração paulina pelos colossenses: "Não cessamos de orar por vós e de pedir que transbordeis de pleno conhecimento da sua vontade, em toda a sabedoria

---

[7] G. I. Williamson, *The Westminster Confession of Faith for Study Classes* (Philadelphia: P&R, 1964), p. 149-150.
[8] Petty, *Step By Step*, p. 129.

e entendimento espiritual; a fim de viverdes de modo digno do Senhor, para o seu inteiro agrado[...]" (Cl 1.9-10). Conhecer plenamente a vontade de Deus implica em ter uma vida moralmente digna do nome que carregamos; vontade de Deus está relacionada à santidade. Quanto às áreas específicas da vida, alvo da maior preocupação entre os evangélicos, Deus não nos revela os seus planos para a nossa vida particular; porém, não nos deixa sem norte.

Meu propósito até aqui não foi negar que Deus nos dirige em nossas decisões. Deus tem prazer em nos instruir e aconselhar quanto ao caminho a ser seguido (Sl 32.8). Simplesmente questionei que esperar respostas prontas e ditadas por Deus seja uma expectativa sadia. Ao invés disso, a linguagem bíblica é de pedirmos ao Senhor por "sabedoria" (Tg 1.5). Precisamos de sabedoria para saber se dar dinheiro a um pedinte na rua é sinônimo de acudir o necessitado (Ef 4.28), para saber quando ficar calada é sinônimo de submissão da mulher ao seu marido (1Pe 3.1-2), como agir para que pais não levem seus filhos à ira (Ef 6.4), como servir ao senhor como ao Senhor (Cl 3.23) sem fazer do trabalho um deus, quando responder ao insensato e quando não responder (Pv 26.4-5). Enfim, sabedoria é necessária para que saibamos discernir o que agrada ao Senhor, pois cristianismo não é um conjunto de regras moralistas. "Amar o próximo como a si mesmo" não é um mandamento que você consegue ticar ao final do dia como se o tivesse cumprido plenamente.[9] Amor é algo em que se cresce

---

9 Petty, *Step by Step*, p. 138.

em conhecimento e discernimento para sermos agradáveis a Deus (Fp 1.9-10).

Há muitas situações em que percebemos a necessidade de sabedoria. O que é prioridade comprarmos na atual situação de nossa vida? Quanto posso gastar em um imóvel ou carro sem demonstrar ganância? Que tipo de educação devo dar ao meu filho? Como equilibrar o tempo com a esposa e filhos e as demandas do trabalho? O que devo dizer, especificamente, a uma pessoa que busca meu conselho em meio a muito sofrimento? Em todas essas situações procuramos quais preceitos bíblicos são plausíveis e como aplicá-los àquela ocasião.

Sabedoria é a habilidade de aplicar os preceitos do Senhor às circunstâncias da vida. O sábio é aquele que sabe tomar um mandamento bíblico e particularizá-lo; isto é, mostrar a sua relevância para determinada situação específica.

> No Novo Testamento, Deus nunca nos chama para 'buscar sua vontade', mas sim para buscar seu reino e fazer sua vontade. *Temos de apagar do nosso vocabulário a expressão não-bíblica e enganadora 'descobrir a vontade de Deus'.* Em vez de falar sobre 'buscar a vontade de Deus', devemos falar em seguir a *direção* de Deus.[10]

Esse corretivo de Waltke e MacGregor é muito pertinente diante da constante confusão de expressões.

---

10 Waltke e MacGregor, *Conhecendo a Vontade de Deus*, p. 146.

O que o Novo Testamento nos ensina é que Deus nos dirige por intermédio da sabedoria que vem dele. Sabedoria deve ser um pedido de oração constante, não somente um clamor por socorro na hora tensa da decisão. Se até o homem perfeito, que era Jesus, precisava crescer em sabedoria (Lc 2.40, 52), muito mais nós precisamos crescer em sabedoria. James Petty destaca que:

> Sabedoria é mais miraculosa e sobrenatural do que qualquer profecia ou revelação diretamente inspirada. Nesta obra maravilhosa, Deus, progressivamente, transforma o pecador para pensar como ele, com as prioridades, sensibilidades, propósitos, e o amor de Deus. Esse é o maior milagre já realizado pelo nosso Senhor, embora não seja valorizado como tal por uma igreja faminta por mais sinais e maravilhas tangíveis.[11]

Nos próximos capítulos, vamos procurar compreender como é que Deus nos concede sua sabedoria pelo Espírito Santo, como Deus nos transforma para ficarmos mais parecidos com ele, inclusive para a hora da decisão. Após termos construído o fundamento teológico desta questão, está na hora de erigirmos as paredes práticas da sabedoria. Isto é, vamos investigar um pouco do que o Novo Testamento nos diz acerca dos meios pelos quais essa sabedoria chega a nós.

---

11 Petty, *Step by Step*, p. 149.

Perigos ao discernir a vontade de Deus

VI

"O caminho do insensato aos seus próprios olhos parece reto [...]."

Provérbios 12.15a

"O insensato despreza a instrução de seu pai [...]."

Provérbios 15.5a

"Não é bom proceder sem refletir, e peca quem é precipitado."

Provérbios 19.2

No último capítulo terminamos falando que não procuramos saber a vontade encoberta do Senhor em áreas específicas da nossa vida, mas buscamos a direção do Senhor. E nesta hora é que precisamos de sabedoria, descrita pelas Escrituras como sendo preciosa, valiosa (Jó 28.12-28; Pv 3.13-18).

Ao falarmos de sabedoria, não estamos falando daqueles ditados que se encontram em livrinhos vendidos em lojas de conveniências de postos ou paradas de ônibus nas estradas. Nem estamos nos referindo, necessariamente, à senhora de cabelo branco que já passou por muitas experiências de vida. A sabedoria que vem de Deus não está, necessariamente, conectada à vivência de uma pessoa; mas, sim, aos seus valores. O salmista escreveu: "Compreendo mais do que todos os meus mestres, porque medito nos teus testemunhos. Sou mais prudente que os idosos, porque guardo os teus preceitos" (Sl 119.99-100). Existe sabedoria que é "terrena, animal e demoníaca". Porém, queremos conhecer a sabedoria que "vem do alto" (cf. Tg 3.13-18).

O que é essa sabedoria que vem de Deus? Como descrevê-la? Tiago lista as seguintes características: "Primeiramente, pura; depois, pacífica, indulgente, tratável, plena de misericórdia e de bons frutos, imparcial, sem fingimento" (Tg 3.17). Tiago estava listando virtudes necessárias no relacionamento com o próximo. Entretanto, creio ser necessário olhar para os livros de sabedoria na Bíblia, principalmente Provérbios, para entendermos um pouco mais o que é sabedoria.

Temer o Senhor é descrito tanto como o início do caminho de sabedoria como seu resumo (Pv 1.7;9.10; Ec 12.9-13). Ouvir a palavra do Senhor através dos pais (Pv 1.8; 2.1; 3.1; 4.1-5, 10-11, 20; 5.1; 6.2; 7.1) também é sinal de sabedoria. Isto significa que sabedoria não se busca sozinho, mas comunitariamente. Quem busca sabedoria já se mostra sábio (Pv 4.7). A sabedoria, nos livros de sabedoria, sempre tem um caráter moral. Não se trata de simples conselhos ou ditados curiosos que ouvimos de nossas avós. É mais do que isso. Sabedoria é retidão (Pv 2.6-7). Deus guia os retos (Sl 25.9, 12-14). O Livro de Provérbios está repleto de aplicações da sabedoria para as relações amorosas, relações com o trabalho, com o dinheiro, com a família, com as tentações, com as fases da vida, etc. Isso significa que sabedoria não é mera santidade eclesiástica, isto é, portar-se alinhado com os costumes do gueto evangélico; mas, é Escritura internalizada e aplicada a todas as situações da vida.

Essa breve descrição da sabedoria de Deus serve como preâmbulo para constatar que há falta de sabedoria na atitude de cristãos contemporâneos preocupados com a vontade de Deus para as suas vidas. Em geral, crentes não têm buscado sabedoria. Mestres não têm ensinado muito sobre sabedoria, ainda que a biblioteca chamada Bíblia tenha uma seção inteira de literatura sapiencial (Jó, Salmos, Provérbios, Eclesiastes, Cântico dos Cânticos). Não ouvimos muitos sermões ou estudos sobre o assunto. Não é um tópico no qual se encontram títulos nas livrarias evangélicas. E se houver algum livro, é certo que não é muito vendido. Livros sobre "poder" vendem bem, mas sobre "sabedoria" não.

Essa triste constatação comprova que a tentativa da maioria dos cristãos de entender a vontade de Deus tem tomado caminhos errados, perigosos. Este capítulo visa alertá-lo para tais caminhos tortuosos. Tratarei do perigo de nosso contexto, de pressupostos, de métodos perigosos de se "ouvir" a vontade de Deus e, por último, das consequências nefastas de tais métodos.

Contexto perigoso

Kevin DeYoung detectou duas características da sociedade contemporânea que atrapalham os cristãos a compreenderem a vontade de Deus. Em primeiro lugar, *nossa geração tem demorado a se tornar adulta, tanto na maturidade quanto nos estágios da vida*. Antigamente, a maioria chegava aos 30 tendo passado pelas principais etapas de transição para a vida adulta: sair de casa, conclusão dos estudos, conquista da independência financeira, casamento e filhos. Hoje, a maioria dos trintões ainda estão na "adultolescência", hesitando em tomar decisões. Por isso, DeYoung intitula o seu livro *Faça alguma coisa*. De acordo com ele,[1] uma das razões para essa indecisão é essa tal maturidade que nunca chega. Os cristãos disfarçam a instabilidade com roupagem espiritual quando dizem estar "buscando a vontade de Deus", uma boa desculpa para permanecerem indecisos. Alguns sofrem de timidez, ou de falta de iniciativa, e acabam espiritualizando suas dificuldades em decidir.

    A sociedade brasileira tem presenciado esse retardar do período de imaturidade. Muitos homens feitos continuam a morar com os pais, quando namoram acabam demorando vários anos para se casar e, quando casam, se julgam despreparados para filhos. Na área profissional não é muito diferente. Uma sociedade que privilegia os concursados tem despertado o interesse de muitos jovens adultos a passarem anos de suas vidas de indefinição, em busca da malfadada segurança do concurso público. Tal indefinição é mascarada pela busca incessante por educação continuada, ou pós-graduação. Fazer uma especialização, um mestrado e até um doutorado

---

1 DeYoung, *Faça Alguma Coisa*, p. 17.

tem sido, para alguns, uma forma de retardar a decisão de que rumo tomar.

Uma segunda razão levantada por DeYoung, que explica parcialmente tanta hesitação em nossos dias, é *a quantidade de opções que vêm como sinônimo de liberdade, mas acabam escravizando*. James Petty observa como até a revolução industrial, escritores cristãos sempre abordaram como ser guiado a Deus, ao invés de ser guiado por Deus. Afinal, muitas das dúvidas que nós temos não eram típicas de sua época. Casamentos eram mormente arranjados por família, oportunidades de trabalho eram relacionadas ao emprego do pai ou (em poucas ocasiões) relacionado ao custeio dos estudos pela nobreza. Todavia, quase ninguém sonhava em subir na sociedade. A não ser que ponderasse acerca da vida monástica, o típico adulto não tinha tantos dilemas na hora de escolher o seu caminho.[2] Veja como Kevin DeYoung descreve essa situação:

> Cem anos atrás, as pessoas nasciam e viviam, com raras exceções, no mesmo lugar. Elas faziam o mesmo que a mãe ou o pai haviam feito. O mais provável, no caso dos homens, é que fossem trabalhar no campo, enquanto as mulheres criavam os filhos (além de ajudar na fazenda) [...]. Cem anos atrás, os jovens se casavam com alguém de sua cidade, uma pessoa do pequeno contingente de solteiros disponíveis fora do seu círculo familiar [...]. Hoje é possível ir à escola em qualquer lugar, especializar-se em

---

2 Petty, *Step by Step*, p. 19.

uma centena de áreas, morar em praticamente qualquer parte, conhecer pessoalmente milhares de pessoas solteiras e muitos milhões a mais pela internet. Temos uma porção de lojas à nossa escolha, dezenas de restaurantes, centenas de carreiras e milhões de alternativas à nossa disposição.[3]

Tantas oportunidades, para alguns jovens, tornam-se asfixiantes: qual o equilíbrio entre dedicar-se à carreira e reservar um tempo para a família? Devo procurar mais estabilidade ou viajar um pouco para o exterior? Invisto na minha carreira na empresa (o que eu já tenho, mas menos rentável) ou estudo para prestar um concurso público (que eu ainda não conquistei, mas seria mais rentável)?

Esses dois fenômenos de nossos dias foram levantados não como desculpa para a indecisão de muitos cristãos quanto a um caminho agradável a Deus. Eles apenas servem para mostrar porque as ideias e os caminhos perigosos apresentados a seguir têm encontrado guarida.

Pressuposto perigoso

É nesse contexto de indecisão que voltamos ao pressuposto com o qual começamos o livro: "Deus tem um propósito para a sua vida". Em si mesma, essa frase é verdadeira. Afinal, Deus fez todas as coisas para determinados fins, "até o perverso para o dia da calamidade" (Pv 16.4; veja Rm 9.19-24;11.36).

---

3 DeYoung, *Faça Alguma Coisa*, p. 37, 38.

O problema está no pressuposto por detrás do chavão mencionado acima. Crentes o utilizam como sinal de coisas boas por vir. Quando alguém perde um emprego, ou anseia encontrar uma esposa, ou almeja a cura de uma enfermidade, frequentemente são aconselhados com frases do tipo "Deus tem algo melhor para você" ou "onde Deus fecha uma porta, ele abre uma janela". Muitos cristãos encorajam uns aos outros, dizendo que Deus lhe ama e tem um plano maravilhoso para a sua vida; com isso, querem dizer que tudo há de dar certo. É triste constatar que esse pressuposto não está presente apenas naqueles que são alimentados com teologia da prosperidade.

Porém, a Bíblia não nos promete um emprego melhor que o anterior. Se fosse assim, seria até bom perder o emprego várias vezes e subir de degrau a cada mudança. Imagine quanto estaria ganhando ao final da carreira.

Deus também não promete cônjuge para todos os seus filhos. Lembro-me de como, em minha juventude, eu anelava encontrar uma esposa. Durante todos os anos de meu treinamento para o ministério pastoral não namorei ninguém; mas, lamentava não estar em um relacionamento e temia me tornar um pastor solteiro, sujeito a muitas críticas. Foi nessa época que eu encontrei conforto no seguinte verso: "A casa e os bens vêm como herança dos pais; mas do Senhor, a esposa prudente" (Pv 19.14). Fiquei radiante com a expectativa de que Deus já havia separado uma esposa prudente. Tal alegria durou pouco, até o dia em que compartilhei o verso com o meu pai e recebi uma ducha de água fria: "Filho, você sabe que esse verso não é uma promessa." Eu sabia, mas não tinha enxergado. Eu estava no seminário e sabia que Provérbios era uma compilação de observações sobre a vida, retratando como as coisas geralmente acontecem, mas não era composto de fórmulas matemáticas sobre como se obter algo (ex.: nem toda criança bem-educada é sempre alegria para os seus pais). Sucumbi à dura realidade de que Deus não promete aos seus filhos que todos irão se casar.

Assim como Deus não promete cura de todas as nossas enfermidades. O propósito que o Senhor tem para as nossas vidas é redentor (Rm 8.28-30), como já foi mencionado, não o livramento imediato de aflições. Paulo entendeu isso, quando Deus lhe negou retirar o espinho na carne, pois queria aperfeiçoar o Seu poder na fraqueza do apóstolo (2Co 12.7-10).

Temos uma expectativa pagã de que a vida tem que ser perfeita, de que devemos ter plena satisfação em tudo que fazemos (trabalho, casamento, etc.). "Quando nos casamos, esperamos por uma vida sexual fantástica, um relacionamento familiar maravilhoso, momentos de lazer recheados de aventuras, experiências culturais e realização pessoal no trabalho."[4] Imaginamos nossa vida com a perfeição de um filme. Queremos conhecer a vontade de Deus, pois queremos que ele nos livre de todos os perigos. Ter a expectativa de céu na terra é minimizar a esperança na vida futura, tão enfatizada nas Escrituras. É bom que você quebre com essa expectativa pagã e saiba que, por ora, *Deus está mais interessado no seu caráter do que no seu conforto.*

---

4 DeYoung, *Faça Alguma Coisa*, p. 35.

O pressuposto perigoso é o que move crentes a buscarem uma "vontade individual" de Deus para a sua vida, especificamente. Estar no centro da vontade de Deus é descobrir esse plano até então secreto. Assim, acham que diante de uma escolha (esta ou aquela faculdade), só uma das opções agrada ao Senhor; isso gera indecisão e angústia. Na verdade, Deus não está preocupado com a faculdade que você vai cursar. Com isto, não quero dizer que Deus não se importa, mas que diante de escolhas permissíveis, o que importa é sua vida com Deus. *Deus está mais interessado na sua santidade do que no seu sucesso.*

Métodos perigosos

Diante da ideia exposta acima, alguns métodos perigosos têm ganhado aceitação entre cristãos que procuram discernir a vontade de Deus. Não estou me referindo a métodos pentecostais que já foram abordados no primeiro capítulo. Refiro-me a quatro métodos que se tornaram comuns para evangélicos de igrejas conservadoras que não toleram sonhos, visões e novas revelações. Veja por que eles são perigosos.

1. Portas abertas

Refiro-me às ocasiões ou oportunidades levantadas pela providência de Deus, que são interpretadas por nós como sendo Deus confirmando algo para fazermos. Dennis Downing ilustra bem essa perspectiva: "Se você quer seguir algum caminho, namorar ou casar com uma determinada pessoa, ou alcançar algum objetivo, se isto for a vontade de Deus, as portas vão abrir. Se não for, você pode forçá-las, mas pode depois vir a se arrepender, devido ao que encontrar do outro lado daquelas portas. Esteja sempre atento para a vontade de Deus e para as portas abrindo ou fechando, de acordo com Sua vontade."[5]

Peter Masters faz uma defesa desse método de direção com mais embasamento bíblico. Enquanto extrai passos para a direção a partir do Salmo 25, ele menciona, como um dos passos, "o indeferimento de Deus". Se após orarmos, buscarmos auxílio em sua Palavra, e pesarmos os prós e contras de uma decisão, "e ainda chegarmos à conclusão errada, então ele, frequentemente, irá apontar o curso correto por intermédio de uma intervenção direta".[6] Podemos pensar que um determinado emprego é ideal para nós, mas a vaga é preenchida por outra pessoa. Ou podemos julgar que uma determinada casa é apropriada para nós, mas o dono do imóvel acaba não fechando negócio conosco. Baseado nos versos 8 e 12 do Salmo 25, Masters afirma que Deus abre e fecha portas, como forma de indeferir alguma decisão nossa, com as circunstâncias.[7] Todavia, não devemos pensar pietística e presunçosamente que Deus intervenha diretamente em todas as questões menores de nossa vida; mas, devemos esperar essa direção nas grandes questões da vida.[8]

Peter Masters está correto em ressaltar a providência de Deus moldando nossas decisões, mas seu ensinamento contém

---

[5] Dennis Downing, "Buscando a Vontade de Deus", em http://www.iluminalma.com.br/vec/0602/17-vontade.html
[6] Masters, *Steps for Guidance*, p. 49.
[7] Masters, *Steps for Guidance*, p. 50.
[8] Masters, *Steps for Guidance*, p. 132-133.

algumas asseverações perigosas. Primeiro, ele entende que após orarmos sinceramente, submetermo-nos ao ensino da Palavra e, enfim, ponderarmos sobre os efeitos de nossa decisão, ainda assim nós podemos tomar a decisão "errada". Acontece que não há nada de moralmente errado no emprego ou na casa que vislumbrávamos. Não devemos ter a noção de que uma de duas escolhas lícitas seja "errada". Não é preciso carregar o peso de ter que acertar alguma coisa, em uma área que o Senhor nos deu liberdade para agirmos. Você não tem que acertar a faculdade que Deus quer para você, ou acertar, no primeiro namoro de sua vida, a namorada que será a sua esposa, nem acertar qual esporte você deva praticar para manter a forma física. Deus te dá liberdade (dentro dos limites bíblicos) de fazer escolhas sábias, não certas. A questão não é entre certo e errado.

Em segundo lugar, Masters não oferece diretrizes para avaliarmos as circunstâncias, a fim de averiguar se Deus que está indeferindo ou não. Quando apresenta as circunstâncias indeferindo uma decisão bíblica, Masters acaba colocando a circunstâncias acima dos princípios da Palavra (em inglês, ele usa o termo *overruling*). A providência provê oportunidades para traçarmos certos rumos de nossa vida. As oportunidades podem ser moralmente corretas ou não. Você pode ter uma oportunidade de bolsa para estudar no exterior, sem qualquer problema legal ou moral. Porém, se algum familiar muito próximo fica doente e exige que você fique no Brasil, isso não significa que Deus não quer que você estude no exterior. Simplesmente, significa que agora não é o tempo certo. Paulo, frequentemente, falava de Deus abrindo uma porta para pregar o evangelho (1Co 16.9; 2Co 2.12; Cl 4.3); mas, certa vez, Deus não abriu a porta para ele pregar na Ásia e o encaminhou à Macedônia (At 16.6-10). Isso não significa que pregar o evangelho na Ásia seja errado, ou que Deus não queira que o evangelho fosse levado até lá. O ponto é que nós não podemos achar que uma porta fechada seja sinônimo de que Deus não quer alguma coisa de nós.

Providência abre e fecha portas, conforme a vontade decretiva de Deus, aquela que em grande parte é escondida de nós. Ela altera nossos planos, mas não nos comunica nada acerca do que é certo ou errado, do que devemos ou não devemos fazer. Não é sábio deduzir que uma moça não deve se casar só porque sofreu um acidente na semana do seu casamento, ou que uma igreja não deva ter um veículo para assistir aos necessitados só porque o último foi roubado. A providência de Deus não nos é explicada.[9] Não podemos transformá-la em revelação. Jesus ensina que um desastre sobre algumas pessoas não é evidência de que as vítimas estavam em mais pecados do que os demais (Lc 13.1-5). Não nos é permitido interpretar os intentos escondidos de Deus.

As oportunidades (portas abertas ou fechadas) precisam ser vistas como testes do nosso caráter. Quando Jonas fugiu da missão divina, preferindo ir a Jope para pegar um navio para Társis, as portas lhe foram abertas e ele subiu no navio. "Providência oportuna, não?", cutuca O. Palmer Robertson. Em seguida, ele observa que essa, provavelmente,

---

9 Petty, *Step by Step*, p. 171.

não era a época para navegar pelo mar Mediterrâneo, além de embarcações para Társis serem raras. Em outras palavras, as circunstâncias normalmente não seriam propícias. "Contudo, Jonas mal havia chegado ao cais de Jope quando encontrou um navio pronto para sair." Então, Robertson conclui de forma prudente: "Cuidado ao interpretar as circunstâncias providenciais de modo a contradizer as ordens explícitas do Senhor."[10]

Oportunidades para fazer o que você sabe ser correto não é problema (ex.: uma bolsa para estudar no exterior), mas não considere portas abertas como sinais certos da vontade de Deus. Uma carreira bem-sucedida não é sinal de que um casal deve postergar ter filhos. Uma ótima promoção, que te afaste da família por muito tempo, não é evidência de que Deus está te dando uma oportunidade imperdível.

Semelhantemente, portas fechadas não devem encorajar a inércia. Tanto o fácil não significa que é agradável ao Senhor, como o difícil não é, necessariamente, Deus proibindo (ex.: Dt 13.1-3; At 16.6-10). Deus pode produzir perseverança com isso. Uma porta fechada pode ser tanto resposta negativa do Senhor à sua oração, quanto um teste de sua fidelidade e firmeza. Às vezes, Deus quer que passemos por problemas mesmo que obedeçamos a ele. O apóstolo Paulo sabia que Deus tinha obstáculos reservados para ele, mesmo obedecendo à orientação do Senhor (At 20.22-23). Ele poderia julgar um desperdício passar anos preso em Jerusalém, o que de fato aconteceu,

---

10 O. Palmer Robertson, *Jonas: um estudo sobre compaixão, a do Senhor e a sua* (São Paulo: Cultura Cristã, 2011), p. 17.

quando poderia estar todo o tempo evangelizando a Europa. Mas Deus não nos diz o porquê das frustrações e perdas como parte da vida dirigida. Assim sendo, não se precipite em julgar errada a decisão que leva a problemas. Semelhantemente, não julgue uma decisão correta só porque a vida está tranquila.

John Frame afirma que Deus pode nos guiar pelos seus decretos: "Pelos seus decretos ele abre portas e as fecha, dando-nos algumas oportunidades e privando-nos de outras, *mas tais circunstâncias de nossas vidas não nos dizem, em si mesmas, como devemos nos comportar.*"[11] Por isso, logo em seguida, ele acrescenta a importância da Palavra e da sabedoria dela deduzida.

2. Testes

Não é incomum ouvir relatos de pessoas que tentaram manipular a providência ao sugerir que Deus fizesse alguma coisa para confirmar uma decisão. Recentemente, ouvi uma história engraçada de um homem, hoje maduro, mas que no início da vida cristã estava com dificuldades de entender se era vontade de Deus que ele se casasse com sua namorada. Certo dia, andando na beira do rio, ele viu um pedaço de madeira que saía da água e ele pediu a Deus que confirmasse o seu casamento, permitindo-lhe acertar uma pedra naquele pedaço de madeira. Ele pegou três pequenas pedras e confiou no teste que ele propôs ao Senhor. Na primeira tentativa, ele falhou. Na segunda, ele também falhou. Então, antes

---

[11] Frame, *The Doctrine of God*, p. 541.

de lançar a última pedra, ele desceu um pouco a íngreme margem do rio para ficar o mais próximo possível do pedaço de madeira e fez o último lançamento. Acertou. Quando indagado se ele não tinha forçado a vontade de Deus, ele respondeu que, se Deus não quisesse aquele casamento, teria feito ele despencar ribanceira abaixo.

Embora tal história desperte risos em alguns, há quem diga que existe base bíblica para esse tipo de postura. Alguns autores tomam a história de Gideão como sendo prescritiva, como sendo perfeitamente legítimo repetir o seu teste. Conhecemos a história do novelo de lã que, a pedido de Gideão, primeiro ficou molhado pelo orvalho enquanto ao redor a terra estava seca, e depois ficou seco quando a terra em redor ficou molhada de orvalho (Jz 6.36-40). Contudo, o pedido de Gideão por um sinal da parte do Senhor procedeu de medo e incredulidade, pois Deus já fizera um sinal a ele (Jz 6.16-24).

Cuidado com exemplos do Livro de Juízes! Basta lembrar da tolice do voto de Jefté (Jz 11.30-40). "Diante de um livro cujo tema é 'cada um fazia o que lhe parecia certo' (Jz 21.25), é melhor pensar duas vezes antes de imitar as práticas e as atitudes que encontramos em seus capítulos. O pedido de Gideão está, mais provavelmente, para a covardia e a descrença do que para uma decisão sábia e em conformidade com a fé."[12]

Não só em Juízes, mas em toda Escritura, o padrão é que sinais eram dados em tempo de incredulidade. Eles não eram

---

12 DeYoung, *Faça Alguma Coisa*, p. 89.

sinônimos de que o povo estava crente em Deus, mas duvidando, a tal ponto que Deus interveio miraculosamente (foi assim com Moisés, com Elias, com Acaz, etc.).

Outro texto, que parece favorecer a ideia de pedir um sinal a Deus, é a história em que o servo de Abraão sai à procura de uma esposa para Isaque (Gn 24.12-27). No verso 14, o servo de Abraão ora ao Senhor assim: "Dá-me, pois, que a moça a quem eu disser: inclina o cântaro para que eu beba; e ela me responder: Bebe, e darei ainda de beber aos teus camelos, seja a que designaste para o teu servo Isaque; e nisso verei que usaste de bondade para com o meu senhor." Na sequência do texto, ele faz o "teste" e Rebeca faz exatamente como ele havia orado. Funcionou, não funcionou? Porém, a reação do servo foi prudente: "O homem a observava, em silêncio, atentamente, para saber se teria o Senhor levado a bom termo a sua jornada ou não" (v. 20). Ele não julga a confirmação da oração como um sinal certo, pois procurava outra coisa. Ele sonda para saber se ela é da família de Abraão, conforme havia recebido instruções (Gn 24.2-4). Quando ela confirma ser da família de Abraão, o servo louva ao Senhor e diz: "O Senhor me guiou à casa dos parentes de meu senhor" (v. 27). O que ele estava procurando? Ele não buscava um "sinal". Embora a providência o tenha dirigido, ele estava à procura de certas virtudes, características: prestatividade e parentesco. Em outras palavras, ele procurava uma moça que fosse serva e que fosse da mesma família.

Ainda hoje, recomendo a jovens que procurem virtudes, antes que sinais. Que busquem um cônjuge pronto a servir e que seja da família da fé, como fez o servo de Abraão. Não faça testes com Deus, pois isto não está prescrito nas Escrituras como norma de vida para os cristãos de todas as épocas.[13] Além disso, testes estão sujeitos a interpretações condizentes com nossos desejos, temores e características. O moço tímido, que confia em sinais, interpreta o telefone ocupado como sinal para não sair com determinada moça. Já o persistente, que realmente quer sair com aquela garota, liga quantas vezes necessário, até ela atender; se ela atender, é vontade de Deus. O mesmo teste, sujeito a interpretações subjetivas, não é confiável. É um método perigoso.

3. Versículos bíblicos aleatórios

Abrir a Bíblia aleatoriamente e assumir que os primeiros versículos lidos sejam a palavra do Senhor, naquele momento, parece atitude de cristão que frequenta igreja onde a Bíblia não é estudada. Porém, até evangélicos de igrejas tradicionais se lembram da prática, agora ultrapassada, de usar a "caixinha de promessas" – promessas individuais, recortadas da Escritura, para a meditação diária. Hoje em dia, é mais comum recebermos *e-mails* ou mensagens de texto no celular com algum versículo inspirativo. Em todos os casos, passados ou presentes, vemos a prática da "bibliomancia"; isto é, usar a Bíblia

---

13 Existe a prática de lançar sortes no Antigo Testamento (Dt 33.8; Pv 16.33) e no Novo Testamento (Lc 1.9; At 1.15-26), mas não depois de Pentecostes. Vivemos hoje guiados pelo Espírito que nos conduz à toda verdade, não miraculosamente, mas relembrando o que Jesus ensinou (Jo 16.13-14); isto é, o que está registrado nos evangelhos.

como um método de adivinhação.[14] Mas a Bíblia não é uma loteria onde textos podem ser retirados de seu contexto.

A Bíblia também não deve ser usada no rigor da letra, sem atentar para os princípios morais que se aplicam a diversas situações. Há cristãos que se interessam em saber onde é que a Bíblia fala de tatuagem ou de piercing antes de decidir se vão colocar ou não. Não há qualquer problema em procurar o que a Bíblia diz sobre um determinado assunto; mas, o espírito de muitos crentes é de achar textos-prova para ver se pode ou não pode fazer algo. Quando se tem esse espírito legalista, de querer enxergar algo explicitado na Escritura, você não irá achar recomendações bíblicas para uma série de práticas modernas.

A Bíblia deve ser nossa constante bússola, não tanto como livro de consulta para o momento da decisão, mas muito mais como o livro de nossa frequente meditação, cujos princípios brotam no momento da decisão. Em Jonas 2, temos o exemplo do profeta citando as Escrituras (vários trechos de Salmos) quando sob tremenda aflição. Há também o exemplo de Jesus, que cita textos bíblicos em resposta às tentações de Satanás (Mt 4.1-11) e de Neemias, que durante a conversa com o rei persa se lembra de suplicar a Deus num instante (Ne 2.4-5). Há momentos em que cristãos maduros levantam textos inesperados e os conectam à nossa situação presente de forma impressionante. Conselheiros que realmente conhecem

---

14 Kevin DeYoung narra um acontecimento com o compositor de hinos John Newton (1725-1807) em que aprendeu a não usar a Bíblia aleatoriamente. A história desse compositor do século XVIII mostra que esse problema é antigo. DeYoung, *Faça Alguma Coisa*, p. 90-91.

a Bíblia fazem isso. O puritano John Flavel aconselha os crentes a temerem ao Senhor certos de que Deus não esconde a sua mente de tais almas (Sl 25.14; Pv 2.7; Jo 15.13-15; 16.13-14). Quanto mais estudamos a Palavra e menos os interesses do mundo, mais a Palavra tem uma utilidade diretiva quanto aos deveres a serem realizados e os perigos a serem evitados.[15]

4. Impressões

Esse último método, juntamente com o primeiro, me parece o mais comum de todos. Frequentemente, crentes se veem dirigidos por Deus, internamente, através de sentimentos. Pode ser um frio na barriga, "uma pulga atrás da orelha", como diz o ditado, o coração aquecido, a voz interior, uma compulsão íntima, dentre tantas outras impressões que comunicam a ideia de que Deus está confirmando algo a ser feito. As frases usadas são: "Deus está me falando"; "eu senti no coração"; "eu orei e Deus confirmou no meu coração". Tal intuição é interpretada como "a voz do Espírito Santo".[16] Questioná-la seria

---

15 Flavel, *The Mystery of Providence*, p. 188.
16 Textos que apresentam uma direção sobrenatural do Espírito (At 8.29; 10.19-20; 13.2; 21.4, 11-14) são tomados como prescritivos por aqueles que têm uma teologia mais carismática. Todavia, até os que não têm tal teologia hesitam em questionar um chamado para o ministério, pois assumem tal chamado subjetivo como autoritativo. A direção do Espírito conforme as epístolas (Rm 8.14; Gl 5.18), textos que prescrevem a conduta cristã de todas as épocas, diz respeito a decisões morais, decisões em relação ao que é pecaminoso e o que é santo. Veja Friesen e Maxson, *Como Descobrir e Fazer a Vontade de Deus*, p. 125-127. Deixar de prosseguir ao ministério pastoral em si não é pecaminoso, mas deixar de servir ao Senhor o é. Optar pelo emprego que paga melhor não é em si mesmo pecaminoso, mas deixar de usar o dinheiro com mordomia o é.

questionar a Deus. Dennis Downing ilustra essa perspectiva de direção sobrenatural quando escreve:

> O Cristão tem o Espírito Santo como guia. Precisamos pedir a ajuda dele. Ele provavelmente, não falará em meu ouvido. Mas ele tocará em meu coração e operará em minha mente para me ajudar a conhecer a vontade de Deus.[17]

Peter Masters entende que, mesmo depois de seguir os passos da oração, da análise bíblica, da ponderação prudente, da retirada de motivações erradas, é preciso estar atento para sentir ou a segurança que Deus traz ao coração ou a retirada da paz. Embora ele reconheça que esse passo seja muito suscetível de manipulação, ele compreende ser importante sentir o alerta de Deus em nosso coração.[18]

Parece haver um consenso em dizer que se não há paz, não se deve fazer algo. A paz interior é interpretada como a ferramenta divina para a tomada de decisões (é assim que interpretam Cl 3.15). Não é ruim considerar o papel de nossa consciência em decisões morais; porém, é perigoso que confiemos cegamente nela nas vezes em que temos paz para tomar certas atitudes. A falta de paz pode ser medo pecaminoso que precisa ser vencido. Por exemplo, quando alguém resolve não confrontar um irmão no erro (contrariando Mt 18.15-17)

---

17 Dennis Downing, "Buscando a Vontade de Deus", em http://www.iluminalma.com.br/vec/0602/17-vontade.html
18 Masters, *Steps for Guidance*, p. 51-53.

porque não sente paz para fazê-lo. A presença de paz também pode ser sinal de uma consciência cauterizada para certos pecados. Jonas é um exemplo bíblico de quem estava com uma consciência tão embrutecida que ele até dormiu durante enorme tempestade, mesmo após deliberada desobediência a Deus (Jn 1.4-5). Refletindo sobre a paz que Jonas tinha em seu coração, Palmer Robertson alerta:

> Tome cuidado para não exagerar a importância dos sentimentos. Acabe alegrou-se quando reivindicou, pela primeira vez, a propriedade de Nabote, até se encontrar com Elias. Saul sentiu-se muito bem quando ofereceu sacrifícios antes da batalha, até se encontrar com Samuel. Herodes sentiu-se muito contente ao tomar a esposa de seu irmão, até encontrar João Batista. Não pense que sentimentos inconstantes determinam se você está ou não fazendo a vontade de Deus.[19]

Não devemos ter total confiança em nossos sentimentos subjetivos. Deus pode dar convicção de um chamado ministerial, por exemplo, mas confiar na subjetividade somente é perigoso. Tive vários colegas de seminário que tinham lindas experiências de "chamados", mas que mais tarde descobriram que não se encaixavam no pastorado. Até quem visa responder o que constitui um chamado é vago em

---

19 Robertson, *Jonas*, p. 19-20.

sua resposta, por falta de embasamento bíblico.[20] Confiar em impressões como vindas do Senhor é correr o risco de ouvir outras vozes, que não a do Senhor. Eu tive o privilégio de entender que o pastorado era o meu lugar não só porque me julguei direcionado (prefiro essa palavra do que "chamado" – típica de quem ouviu uma convocação direta do Senhor) por Deus, mas porque meus dons ministeriais confirmaram tal direcionamento.

Sentimentos podem até servir para você reavaliar uma situação; mas, não devem ser interpretados como a própria direção de Deus. Pergunte a si mesmo se você está com medo porque a situação é nova ou porque você já foi machucado em situação semelhante antes. Sentimentos podem e devem fazer-nos parar e pensar; mas, não podem ser interpretados como método de direcionamento divino.

Observe que eu chamei esses quatro métodos de "perigosos", não de "pecaminosos" ou "errados". O perigo deles está não só no possível resultado equivocado em ter usado o método para tomar uma decisão, mas no mal que ele causa à sua vida espiritual.

Alguém pode alegar que Deus já o guiou de uma dessas formas descritas acima e funcionou. Não estou afirmando que Deus não use tais métodos nunca, mas se ele o faz é porque tem misericórdia dos fracos, não porque somos espirituais. Agora termino o capítulo com os males que esses métodos nos causam.

---

20 Cf. Orr, *How to Know the Will of God for your life*, p. 19.

Consequências perigosas

Vimos como os quatro métodos listados acima são perigosos porque não combinam com a interpretação bíblica. E tudo aquilo que não segue a orientação bíblica é danoso para a nossa vida cristã.

Em primeiro lugar, esses métodos são perigosos porque *expressam preguiça espiritual*. Veja que observação pertinente de Bruce Waltke:

> Não exige nenhum esforço, pouca disciplina e quase nada de crescimento de caráter. Deus tem um método diferente para nos guiar [...]. A adivinhação pode ter uma aparência piedosa, mas na verdade deve ser encarada como uma atitude profana, porque consiste em um atalho para a obra de aperfeiçoamento do nosso caráter, efetuada pelo Espírito Santo. A adivinhação supõe que você pode conhecer a vontade divina sem ter o coração de Deus e o seu Espírito. Entretanto, não se pode discernir a mente de Deus sem um desenvolvimento do caráter [...]. Em vez de pedir que nos 'revele sua vontade', pedimos que desenvolva seu caráter sábio em nossa vida.[21]

O que essa citação nos ensina é que devemos desejar crescimento. Não almeje receber palavra direta como crianças recebem ordens específicas de seus pais. Pais se frustram quando precisam dar ordens específicas a filhos mais velhos.

---
21 Waltke e MacGregor, *Conhecendo a Vontade de Deus*, p. 52, 60, 91.

Para crianças pequenas temos que dizer que não pode riscar a mesa, só o papel. Professor nenhum gosta de ter que dar esse tipo de ordem para jovens adultos. Ditar-nos a escolha pela qual devemos decidir seria preservar nossa infantilidade.

Em segundo lugar, a busca pela tal vontade de Deus *estimula a ansiedade*, algo condenado por nosso Salvador (Mt 6.25-34).

> Nosso fascínio pela vontade de Deus quase sempre disfarça nossa falta de confiança em sua providência e em suas promessas", afirma Kevin DeYoung. "Não nos basta sua palavra de que ele estará conosco; queremos que ele nos mostre o fim desde o começo e prove que podemos confiar nele.[22]

O espírito de ansiedade por detrás do desejo de saber a vontade decretiva não é lícito, como já trabalhamos na primeira parte.

Em terceiro lugar, a utilização dos métodos descritos acima *livra-nos da responsabilidade* por nossas decisões. Quando um pastor concorre a uma eleição pastoral e vence, mas depois desiste de assumir o cargo porque conseguiu a outra igreja que ele tanto desejava, frequentemente, ele se desculpa dizendo que Deus confirmou em seu coração. Ele diz algo do tipo: "Se dependesse de mim, eu ficaria. Mas orei e ficou muito claro para mim que é da vontade do Senhor que

---

22 DeYoung, *Faça Alguma Coisa*, p. 51.

eu vá." Outro exemplo comum é quando as pessoas dizem que se um político está eleito é porque foi da vontade de Deus. Tal atitude quietista se esquece de que os decretos de Deus não nos isentam de nossa responsabilidade de votar bem. Se votarmos mal, seremos culpados por isso e sofreremos as consequências de tal relaxo.

Em quarto e último lugar, a abordagem criticada acima nos *escraviza no subjetivismo*. Quando tomamos alguns dos acontecimentos em Atos – sonhos, visões (16.6-10; 18.9), direções internas do Espírito (8.29; 20.22-23) e profecias – como normativos, tornamo-nos apegados à direção subjetiva. Isso é fechar os olhos para o fato de que muitas decisões dos apóstolos eram resultado de cuidadosa reflexão (At 15.28-29; 20.16; 1Co 16.3-9).

Toda essa seção de crítica às práticas de evangélicos relacionadas à vontade de Deus é necessária. Muitas vezes, é preciso ser destrutivo em nosso ensino antes de ensinar a verdade de Deus. O que se segue é a parte construtiva do elemento prático da vontade de Deus. O que a Bíblia nos traz tem a ver com crescimento gradual e constante. Não há atalhos para o caminho da sabedoria. Até o próprio Jesus teve que crescer gradativamente em sabedoria (Lc 2.40, 52). Ainda que as propostas que se seguem não sejam novas e revolucionárias para você, é minha oração que você volte a se encantar com as mesmas verdades bíblicas já ouvidas antes.

Buscando a direção do Senhor

VII

"Porque o meu povo é gente falta de conselhos, e neles não há entendimento. Tomara fossem eles sábios! Então, entenderiam isto e atentariam para o seu fim."

Deuteronômio 32.28-29

"Faze-me, Senhor, conhecer os teus caminhos, ensina-me as tuas veredas. Guia-me na tua verdade e ensina-me, pois tu és o Deus da minha salvação, em quem eu espero todo o dia."

Salmos 25.4-5

Erramos ao pensar que direção é, essencialmente, inspiração íntima do Espírito Santo sem a participação da Palavra escrita. Falamos do "sentir paz no coração" como fator decisivo para essas escolhas, e esquecemo-nos que nossas "vozes" interiores nem sempre são expressão de uma escolha santa. Em contrapartida, estamos expondo o caminho bíblico da sabedoria. Se pedimos ao Senhor por sabedoria (Tg 1.5), devemos saber por que meios essa sabedoria vem.

Essa não é uma tarefa fácil. Até bons livros têm seus escorregões. Waltke e MacGregor apresentam um tipo de direção que, a meu ver, tem sérios equívocos. Primeiro, eles incluem aspectos da providência divina e da intervenção sobrenatural de Deus como passos da direção divina que, na verdade, não dirigem nada. Tais aspectos da vontade decretiva de Deus nos contam sobre Deus e nos abrem ou fecham portas; mas, não são passos da direção divina de Deus. Segundo, os autores estabelecem uma ordem que não pode ser trocada. Eles dizem, por exemplo, que primeiro temos que, obrigatoriamente, ouvir nossos desejos para depois ouvirmos os conselhos de irmãos, e que refletir se faz sentido é a última parte do processo de direção. Porém, além de tal ordem não poder ser provada biblicamente, faz mais sentido nós entendermos a direção como um conjunto de diretrizes, não como passos sequenciais. Trata-se de ideias complementares, não uma ordem estabelecida na Escritura.

Mas, nossa busca por caminhos de sabedoria também tem sinalizações saudáveis. Vários autores se assemelham, em elementos gerais, acerca da busca por sabedoria, sem deixar de ter suas particularidades. Blaine Smith diz que precisamos considerar nossos desejos, habilidades, circunstâncias e conselhos de outros.[1] Baseado em Provérbios 2.1-3, Kevin DeYoung fala que a sabedoria consiste em guardar os mandamentos (v. 1; leitura da Bíblia), dar ouvidos à sabedoria (v. 2; ouvir bons conselhos) e clamar por entendimento (v. 3; orar a Deus).[2] James

---

1 Smith, *Knowing God's Will*, p. 176.
2 DeYoung, *Faça Alguma Coisa*, p. 99.

Petty fala de sete elementos sobre a tomada de decisão: consagração, informação, súplica, consulta, meditação, decisão, e expectativa.[3] Em tom semelhante aos anteriores, quero propor orientações para compreender a direção do Senhor, baseados nos ensinamentos de J. I. Packer.[4] Como já mencionei no final do capítulo anterior, não são propostas revolucionárias. Todavia, eu as vejo como verdadeiras e, por isso, produz bom fruto em nossa vida cristã. Julgo que os caminhos descritos a seguir são os meios pelos quais a Bíblia diz que a sabedoria nos vem.

O caminho da reflexão

Vivemos em um período que tem perdido o valor da meditação bíblica. Falamos de leitura diária da Bíblia, mas não de meditação constante na Bíblia. Não temos por hábito trazer princípios para as nossas conversas regulares, porque não pensamos sobre a aplicabilidade deles para o nosso dia a dia. O justo do Antigo Testamento nem sempre tinha acesso constante à leitura do texto bíblico; mas, era seu dever meditar na lei do Senhor de dia e de noite (Js 1.8; Sl 1.2). Em contrapartida, hoje temos acesso fácil às Escrituras no celular, no tablet ou em qualquer outro recurso tecnológico; mas, falta-nos a prática de meditar no texto sagrado. Tanto é que o conceito de meditação, para nós, relembra a prática de religiões orientais, que ao invés de encher a mente do que é puro e amável (Fp 4.8), procura esvaziar a mente.

---

3 Petty, *Step by Step*, p. 189-261.
4 J. I. Packer, *O Conhecimento de Deus* (São Paulo: Mundo Cristão, 1996), p. 215-222.

Por conta desse contexto, parece estranho para alguns e desinteressante para outros, que um dos textos mais conhecidos na Bíblia, que menciona a vontade de Deus, trata do nosso "culto racional" e a renovação da nossa "mente" (Rm 12.1-2). Decidir, em conformidade com a palavra de Deus, tem tudo a ver com exercícios da mente, com a ideia de ruminar em cima do texto sagrado, ponderar sobre as situações com base em princípios bíblicos.

Por isso, sugiro que o primeiro caminho que devemos trilhar na busca por sabedoria é o caminho da reflexão. É a falsa piedade, um supernaturalismo prejudicial, que exige impressões interiores sem qualquer base racional. Tal piedade sentimentalista não dá ouvidos à recomendação bíblica para refletir (Fp 4.8; Cl 3.2). Temos exemplos do rei Davi, sujeitando-se ao juízo racional da comunidade de Israel ("se bem vos parece", 1Cr 13.2), os apóstolos, se unindo aos presbíteros para gerarem um parecer sobre problemas da igreja primitiva (At 15.22), e até um pagão profere palavras sábias sobre ponderar para se chegar à vontade de Deus (Ed 7.18). O apóstolo Paulo também faz planos e pondera sobre as consequências de suas decisões sobre o trabalho missionário (At 20.16; 1Co 16.3-9). Portanto, parece frequente na Bíblia que servos de Deus pararam para refletir, a fim de fazer a vontade de Deus.

Não caia na armadilha de achar que a direção divina virá, costumeiramente, por meios extraordinários. Após o Pentecostes, a grande maioria das decisões envolviam um processo racional de pesar os fatores lógicos. Veja o que diz Sinclair Ferguson:

Direção – saber a vontade de Deus para as nossas vidas – *é muito mais uma questão de pensar do que de sentir*. Não devemos ser 'insensatos' (literalmente, 'sem mente', 'sem razão'), exorta-nos Paulo, mas sim *entender* qual é a vontade de Deus (Efésios 5.17) [...]. Saber a vontade de Deus é questão de julgamento. É por isso que não se trata de uma prática não espiritual, quando enfrentamos modos alternativos de procedimento, registrar os prós e os contras da situação, isto é, pôr as razões, possibilidades, problemas de uma decisão em contraste com a outra. Quando começamos a avaliar estes fatores contra o pano de fundo de um conhecimento geral da vontade do Senhor nas Escrituras, muitas vezes vemos nossas mentes serem levadas numa direção particular.[5]

O que Ferguson está afirmando é que nossas ponderações sobre as vantagens e os desafios de cada opção, com base nos princípios gerais da Escritura, nos inclina para decisões sábias. Deus nos fez seres pensantes e deveríamos, por exemplo, pesar as consequências de nossas alternativas a longo prazo, pesando os prós e os contras (Pv 19.2). É dito que George Mueller registrou em seu diário tais decisões, baseadas em um balanço das vantagens e desafios de cada opção.[6]

Lembro-me do testemunho de um irmão, nos Estados Unidos, sobre o aconselhamento que ele teve com um pastor

---

5 Ferguson, *Descobrindo a vontade de Deus*, p. 33-34.
6 Orr, *How to Know the Will of God for your life*, p. 27.

amigo meu. O irmão era casado com uma mulher que tinha um filho do primeiro casamento, e juntos tiveram cinco outros filhos. Após delongado período de desemprego, no qual ele sentia o peso de não prover para sua numerosa família, lhe foi oferecida uma oportunidade excelente de emprego em outro estado americano. A única coisa que incomodava o casal era que, por conta do divórcio da mulher, o filho do primeiro casamento não poderia deixar o estado em que eles moravam (nos Estados Unidos há vários aspectos em que cada estado possui uma autonomia não cerceada pela federação). Eles corriam o risco de perder a guarda do menino. O que fazer? Ficar sem emprego, a fim de preservar um filho do outro casamento no convívio deles, ou partir para o outro estado, a fim de sustentar seus muitos filhos? O meu amigo pastor fez algo aparentemente simples: ele conduziu o pai de família a escrever quais as vantagens e as desvantagens de ficar e uma lista semelhante em relação a partir para o outro estado. O testemunho daquele irmão foi que a indecisão se dissipou de forma impressionante. Ele nunca experimentara uma ponderação tão esclarecedora, a fim de compreender qual decisão tomar (o final da história vem mais adiante).

Ter a visão do que se espera lá na frente é sinal de sabedoria (Dt 32.29). Tal sabedoria é resultado de maturidade e experiência espiritual. Por "experiência" não me refiro ao idoso, necessariamente. É possível ser sábio ainda jovem quando se tem a Palavra no coração, quando ela é fruto de nossa meditação (Sl 119.99-100).

Também podemos decidir conforme nossos dons e talentos. Quando os apóstolos se viram assoberbados de funções na igreja primitiva, eles conduziram o povo de Deus a escolher líderes que socorreriam aos necessitados, a fim de que eles ficassem com a oração e a Palavra (At 6.2-4). Eles não fizeram isso porque tinham interesses egoístas, mas entenderam onde seriam mais úteis. Por isso, o parecer deles foi bem recebido pela igreja (v. 5). Quando alguém diminui sua carga de trabalho para focar naquilo que faz de melhor, esse alguém está tomando uma decisão sábia. Isso é agradável a Deus.

Aprenda a meditar nas Escrituras. A prática desse princípio gerará sensibilidade para aplicar princípios da Escritura a uma determinada situação.

O caminho do aconselhamento

Sabedoria não é alcançada só por nossa própria investigação da Bíblia e aplicação de seus princípios. Ela também chega até nós por intermédio da orientação vinda de outros. Por isso, aprenda a aceitar conselhos. O livro de Provérbios nos ensina que sábio é aquele que sabe ouvir, que valoriza a correção e a admoestação.

Essa diretriz nos lembra da importância da igreja. A Escritura descreve vários personagens marcantes em pares, pois foram sustento um ao outro (Moisés e Josué, Davi e Jônatas, Elias e Eliseu, Jesus e os três apóstolos mais chegados – Pedro, Tiago e João). O Novo Testamento está repleto de mandamentos de reciprocidade; isto é, que contêm expressões como "uns aos outros" ou "mutuamente" (Rm 12.10, 15, 16; Gl 5.13; 6.2;

Ef 4.2; 5.21; Cl 3.13, 16; 1Ts 5.11; Hb 10.24, dentre tantos outros). Deus resolveu nos conceder sabedoria por intermédio da sua igreja, por mais complicada e cheia de problemas que ela seja. Mesmo que estejamos aprendendo boa teologia e participemos de uma igreja com pessoas de pouco estudo bíblico-teológico, não podemos ter a soberba de achar que nossa igreja não possui pessoas sábias para nos aconselhar. Todos estamos sujeitos a essa tentação, mas jovens estão especialmente mais inclinados a ela, quando se convencem de que o que aprenderam pela internet os faz mais sábios que os mais experientes.

O sábio não só conhece as Escrituras e a boa teologia, mas também é aberto para conselhos (Dt 32.28). É imaturo e convencido o que dispensa conselhos numa hora de decisões importantes. O livro de Provérbios está repleto de conselhos para se buscar conselhos (Pv 1.5; 11.14; 12.15; 13.10; 15.22; 19.20; 20.18). Outros nos ajudam a desanuviar certas situações, quando estamos confusos. Conselhos também podem demonstrar a tolice de nossa opção.

É claro que devemos saber a quem procurar. Provérbios afirma: "Quem anda com os sábios será sábio, mas o companheiro dos insensatos se tornará mau" (Pv 13.20). A Bíblia registra histórias de quem não soube a quem ouvir. Roboão ouviu os seus jovens e tolos amigos em lugar dos sábios anciãos (1Rs 12). Pilatos ouviu a massa, quando libertou a Barrarás e ordenou a crucificação de Cristo (a voz do povo nem sempre é a voz de Deus). Esses não foram sábios. Escolher a quem ouvir já é sinal de sabedoria. Devemos aprender a buscar pessoas maduras na fé, para serem nossos orientadores em momentos de escolhas. Há sempre alguém que conheça a Bíblia, a natureza humana e nossas próprias habilidades e limitações mais do que nós mesmos. Mesmo que não possamos aceitar seu conselho, algum proveito tiraremos se pesarmos com cuidado o que disserem (1Ts 5.21).

Tais conselheiros podem ser os que exercem liderança na igreja (pastor, presbítero, diácono, evangelista, obreiro, etc.). A Bíblia apresenta os líderes como guias e devemos nos submeter ao conselho deles (1Ts 5.12-13; Hb 13.7, 17). Todavia, outros além dos pastores podem ser nossos conselheiros. Pessoas com o dom da exortação (Rm 12.8; Ef 4.11; At 4.36) são instrumentos do Senhor para auxiliarem os líderes no pastoreio do rebanho.

Além disso, ao buscarmos o conselho de um irmão, estamos buscando benção não só para nós, mas, inclusive, para aqueles que nos servem. Aconselhamento é sadio para ambas as partes. Deus, frequentemente, abençoa conselheiros lhes dando pessoas para os aconselhar.

O caminho da suspeita

Essa terceira orientação ressalta a importância de mantermos à vista o engano que procede de nosso coração pecaminoso (Jr 17.9). Se, no caminho da reflexão, calculamos os efeitos externos de uma decisão, no caminho da suspeita nós olhamos para as motivações internas que nos impulsionam a escolher uma coisa e não outra. Waltke e MacGregor parecem ingênuos, ao instruírem seus leitores para a ideia de que se estiverem bem com Deus, eles podem confiar em seus desejos.[7] Por causa do pecado em nós, esse direcionamento é perigoso. Por isso, aprenda a suspeitar de si mesmo. Até os crentes ainda possuem emoções com base egoísta, escapista, auto engrandecedora, as quais não devem ser tomadas como direção. "Não sejas sábio aos teus próprios olhos", diz a sabedoria bíblica (Pv 3.7). "Aquele, pois, que pensa estar em pé veja que não caia" (1Co 10.12).

A teologia reformada, em livros de aconselhamento bíblico, tem sido bastante despertada a explorar o tema da idolatria do coração.[8] Autores têm sido sábios em apontar que a Escritura explora muitíssimo o pecado da idolatria, pois não se trata apenas de um problema de Israel no Antigo Testamento, ou dos católicos romanos hoje. Idolatria é um problema sempre presente no coração do pecador (Ez 14.4-7). Ídolos do coração não são somente as práticas sabidamente errôneas (ganância, lascívia, poder); mas, até coisas boas que se tornam más, porque são desejadas desordenadamente. Foi com essa sensibilidade que James Petty comentou:

> O caminho da sabedoria é um estilo de vida de arrependimento de servir a deuses funcionais como segurança, proteção, controle de situações, prazer, poder, tranquilidade, evitar dor e aprovação. Deus irá, sistematicamente, expor quaisquer rivais como esses em nossos corações

---

7 Waltke e MacGregor, *Conhecendo a Vontade de Deus*, cap. 5.
8 Cf. David Powlison, *Ídolos do Coração e Feira das Vaidades* (Brasília: Refúgio, 1996).

que nos afastam de amá-lo e adorá-lo. Devemos estar preparados para isso e até buscar tal duplicidade em nossos corações.[9]

Portanto, em qualquer tomada de decisão, precisamos passar por um raio-x espiritual, a fim de termos nossos corações perscrutados. Quando Israel pediu um rei, não fez uma coisa errada, em si mesma; mas, o pedido se apresentou de forma pecaminosa, por causa da motivação: ser como as outras nações. Precisamos nos perguntar por que "sentimos" que uma determinada atitude é certa e nos obrigar a dar as razões disso (caminho da reflexão) – e seremos sábios se expusermos o caso diante de mais alguém, em cujo julgamento confiamos, para dar seu veredicto sobre nossas razões (caminho do aconselhamento).

A oração também há de nos ajudar. O livro dos Salmos contém constantes súplicas por direção, (Sl 5.8; 25.5; 31.3). Paulo ora por direção em favor das igrejas (Fp 1.9-10; Cl 1.9-10). Nossa oração precisa levar em consideração que uma das maiores barreiras para decisões sábias e condizentes com o caráter e os preceitos de Deus são nossas próprias motivações. Como nosso coração é insondável para nós, precisamos que aquele que vê o coração (1Sm 16.7) o esquadrinhe (Jr 17.10).

O Salmo 139 traz um belo exemplo de quem não se esqueceu do caminho da suspeita, em busca da direção divina. Davi começa o Salmo afirmando que Deus o sonda e o conhece

---
9 Petty, *Step by Step*, p. 179.

no seu íntimo, a ponto de despertar espanto no salmista (v. 1-6). Deus não se aparta do seu servo, pois está presente em todo lugar (v. 7-12). Davi também fica encantado com a engenharia genética do Criador, a forma como ele foi formado (v. 13-18). Então surge a parte "negra" do Salmo, que a maioria de nós não lembra. Davi tem expectativas de juízo para com os inimigos de Deus (v. 19-20) e, quando se pergunta qual é sua postura em relação aos inimigos, Davi afirma que os odeia com "ódio consumado" (v. 21-22). Orar imprecatoriamente não é pecaminoso; mas, a intensidade da oração de Davi, naquele momento, o levou a terminar aquela canção com uma súplica: "Sonda-me, ó Deus, e conhece o meu coração, prova-me e conhece os meus pensamentos; vê se há em mim algum caminho mau e guia-me pelo caminho eterno" (v. 23-24). Davi sabe que até nas atividades eclesiásticas, até no momento dos cânticos ou da oração, nosso coração pode ter motivações impuras.

O caminho da espera

O último caminho é, talvez, o mais incomum de se encontrar em livros sobre a vontade de Deus. Porém, é muito bíblico considerarmos a riqueza do que significa esperar no Senhor (Sl 27.14; 37.7; 40.1; 42.5, 11; 62.1, 5). O Senhor é bom para os que esperam nele (Lm 3.25-26).

    Sinclair Ferguson diz que esperar é aprender a confiar no Guia. Quanto melhor o conhecemos, mais entendemos sua direção. Deus não está interessado apenas em que conheçamos a Sua vontade, intelectualmente. "Ele está muito mais interessado em nossas vidas do que imaginamos. Sua vontade há de ser operada em nós, não somente revelada a nós. Seu objetivo é a nossa santificação".[10] Fazer-nos esperar, depender dele, é parte da aula. Deus não tem tanta pressa quanto nós temos, e não é seu costume dar mais esclarecimentos sobre o futuro do que precisamos para agir no presente ou nos guiar em mais de um passo de cada vez.

Vocês se lembram do pai de família norte-americano que estava na dúvida entre partir para o emprego em outro estado ou ficar desempregado onde estava? Bem, sua decisão foi a de ficar e não correr o risco de perder o que havia de mais importante: o filho do primeiro casamento de sua esposa que ele tratava como seu próprio filho. Ele resolveu esperar. Ele não ficou sem tomar decisão. O que ele decidiu foi esperar um pouco mais para definir um emprego. Foi uma decisão ousada para quem não tinha nada em vista. Mas esperar em Deus é confiar no Guia.

Não tome uma decisão que não provenha de fé, pois isso é pecaminoso (Rm 14.23). Quando em dúvida, não faça nada, continue esperando em Deus. Quando houver necessidade de ação a luz virá.[11]

---

10 Ferguson, *Descobrindo a Vontade de Deus*, p. 120.
11 Esse último princípio traz equilíbrio à ênfase de DeYoung de que você tem que agir. Afinal, o título do seu livro é "Faça Alguma Coisa".

Aplicando a grandes áreas de decisões

VIII

"De que maneira poderá o jovem guardar puro o seu caminho? Observando-o segundo a tua palavra. De todo o coração te busquei; não me deixes fugir aos teus mandamentos. Guardo no coração as tuas palavras, para não pecar contra ti."

Salmos 119.9-11

Durante todo esse livro, defendi a tese de que não procuramos saber a vontade encoberta do Senhor, mas buscamos a sua direção para as situações específicas de nossa vida. Para tal direção precisamos de sabedoria.

Quero terminar nossa caminhada juntos em busca de sabedoria aplicando os quatro princípios descritos no capítulo anterior. Resolvi aplicá-los a duas importantes decisões na vida (profissão e casamento); mas, eles são aplicáveis a qualquer decisão, grande ou pequena. A razão de focar em profissão e casamento é porque quase todo mundo passa por essas duas grandes decisões. E quem já passou pelo casamento e não prevê mudança de emprego, provavelmente convive com filhos ou outros que estão passando por essa fase. Essas duas decisões são alvo da preocupação de vários cristãos. Por isso, estudá-las servirá para exemplificar o que significa tomar uma decisão sábia, agradável a Deus.

A forma como eu trabalharei com cada uma das duas decisões será idêntica. Primeiramente, eu levantarei alguns pressupostos errados que nutrimos acerca dessa área. A necessidade de falar dos pressupostos errados primeiro é a mesma razão de eu ter escrito o capítulo seis deste livro antes que o sete. Antes de construir uma decisão sábia, é necessário erradicarmos os conceitos não bíblicos de pensar sobre essas áreas. Em segundo lugar, após demolir edifícios condenados, espero edificar sabiamente, ao levantar como cada um dos quatro caminhos (reflexão, aconselhamento, suspeita e espera) se aplica àquela decisão.

Profissão

Pressupostos errados

Erroneamente, fomos ensinados a achar que há apenas uma profissão na qual nós podemos nos encaixar. Testes vocacionais podem até listar algumas possibilidades de profissões; mas, o jovem só se lembra daquela primeira, em que há mais chances de ele dar certo. A escolha por um curso universitário no final da adolescência costuma ser dramática, pois é vista como a única atividade profissional que o adolescente terá para o resto de sua vida. Toda a nossa cultura profissional parece forçar-nos a crer que só há uma decisão certa.

Não percebemos as inconsistências desse posicionamento. Por um lado, tendemos a criticar quem muda de faculdade

Aplicando a grandes áreas de decisões

três vezes, na tentativa de achar o melhor encaixe; mas, elogiamos quem começou vendendo bala, depois foi ajudante de pedreiro, garçom, entregador de pizza e hoje tem sua microempresa. Dizemos que este último batalhou e subiu na vida. Observe como estamos preocupados só com o resultado final: sucesso profissional e financeiro. Ninguém olha para trás e fala ao dono de microempresa que ele estava na profissão errada quando era ajudante de pedreiro ou entregador de pizza. Porém, o jovem que muda de faculdade é taxado como quem não sabe o que quer da vida.

O que é que está acontecendo neste exemplo acima? Estamos sendo lembrados que o espírito de trabalhador é mais importante do que a profissão que ele exerce. Quem aos nossos olhos subiu na vida, provavelmente, foi esforçado e trabalhador em cada profissão diferente que ele exerceu. Não há nada de errado em mudarmos de profissão na vida. O jovem universitário, por outro lado, tem que ser mais encorajado a trabalhar do que em achar o trabalho ideal. Isso nos leva ao segundo pressuposto equivocado.

Trabalho não tem que ser necessariamente prazeroso. Não há nada incomum em achar o trabalho árduo (Gn 3.17-19) – por isso se chama "trabalho". Fomos ludibriados pelos jogadores de futebol e artistas de televisão a pensar que é possível ganhar milhões e fazer o que você gosta, se você for atrás do seu sonho. Esse sonho, que alimenta ganância e prazer, é a raiz de muitas decepções profissionais. É normal ficarmos cansados e frustrados com os desafios da nossa profissão. Esse é o efeito da maldição proferida lá no Jardim do Éden.

Nossa satisfação não deve estar no prazer da profissão em si, mas no próprio trabalhar. Não devemos procurar um trabalho que traga um propósito à nossa vida, mas encontrar um propósito em qualquer trabalho. Todos assumimos nossa profissão como nossa identidade ("eu sou dentista", "eu sou auxiliar administrativo", "eu sou mecânico", "eu sou dona de casa"), quando na verdade nossa identidade é sermos imagem e semelhança de Deus. Como imagem de Deus, é condizente com nossa identidade nós desenvolvermos as potencialidades da criação e sermos trabalhadores, como nosso Deus o foi (Gn 1.26-28; 2.15). Portanto, o nosso trabalho, qualquer que seja, é agradável a Deus. A Reforma Protestante resgatou um senso de nobreza no trabalho (que ela chamou de vocação) que se aplica a todas as profissões, contanto que não sejam moralmente degradantes. Antes que pregador, Jesus era carpinteiro. Isso está conectado com o último pressuposto errôneo que preciso destacar.

Não há razão para pensar que há um chamado interno para ser pastor, diferente de outras profissões. Gary Friesen questiona o chamado íntimo e místico que muitos dizem ter tido para os inclinar a cursar teologia e se tornar pastor.[1] A Escritura não apresenta base para tal chamado sobrenatural. Friesen diz que o Novo Testamento fala de "desejo" ou "aspiração" ao ofício de ministro.[2] A pergunta deve ser: "Por que você deseja ser separado para o ministério pastoral?" Essa pergunta

---

1 Friesen e Maxson, *Como Descobrir e Fazer a Vontade de Deus*, p. 225-226.
2 Friesen e Maxson, *Como Descobrir e Fazer a Vontade de Deus*, p. 231.

suscita a oportunidade para trilharmos os quatro caminhos de sabedoria, em aplicação à orientação profissional.

Reflexão
É saudável aprendermos a pesar os vários fatores envolvidos em uma escolha profissional antes do que agir por impulso, ainda que pareça ser um impulso espiritual. Analise as suas aptidões, gostos e oportunidades no mercado. Isso pode parecer óbvio, mas nem sempre é. Tive que aconselhar um jovem a desistir da ideia de deixar seu emprego só porque não mais lhe oferecia grandes desafios. Não que ter desafios seja errado; mas, diante do seu desejo pelo novo e desafiador, ele se esquecera de que tinha habilidades especiais para fazer o que ele fazia. Em outras palavras, ele era bom naquilo que fazia, até que gostava do seu emprego e não tinha outras oportunidades concretas em vista. Por que mudar?

Oportunidades também são um fator a ser considerado. Às vezes, achamos que não é o que mais gostamos, mas há espaço para servir em uma área deficitária. A saúde desse raciocínio é entender que trabalho tem mais a ver com ser útil do que com ser realizado. Na verdade, nossa realização deve se dar, em grande parte, ao sermos úteis para com outros.

Pesar as consequências de uma escolha também é um fator importante. Quando surgir uma oportunidade de emprego, veja se há alguma imoralidade no mesmo. Não me refiro apenas ao que é reconhecidamente imoral, mas também ao tipo de escravidão exigida de muitas empresas. Veja ainda se o emprego lhe afasta de sua família ou de uma boa igreja.

Já vimos, no capítulo cinco, que é fundamental perguntarmos se nossa decisão é útil para as pessoas ao nosso redor.

Pensar uma decisão profissional não é uma atitude secular, não espiritual, como podem pensar alguns. Na verdade, crentes e descrentes devem pensar acerca de sua escolha profissional. A diferença cristã está em sustentar valores e pressupostos bíblicos que o norteiam na decisão, o que redunda em fazer a vontade de Deus.

Aconselhamento

Ouça o que os outros têm a dizer sobre as mesmas coisas: aptidões, gostos e oportunidades. A razão de ouvirmos outros na área profissional é porque nos trazem à tona fatores que não havíamos considerado antes. O especialista da área pode apontar caminhos a serem desbravados em seu campo de trabalho, o colega de trabalho pode testificar de suas aptidões ou dificuldades e sua família pode ajudar você a enxergar características pessoais que influenciem no seu desempenho profissional. As fontes são diferentes, mas todas podem ser úteis se forem sábias.

É grande o número de homens que deseja ir para o ministério pastoral, mas não atenta para a avaliação externa que os outros fazem dele mesmo. Às vezes, são pessoas que não têm o crédito de sua igreja para o ensino e a liderança; mas, não arredam pé da ideia, porque se sentem chamados. Todavia, quando Paulo instruiu a Timóteo a esse respeito (1Tm 3.1-7), ele disse que aquele que "almeja" o episcopado (se sente chamado), deve demonstrar uma série de qualidades. Isto é, os irmãos precisam reconhecer isso nele. Até os que são de fora da igreja são, em parte, trazidos como juízes desse desejo (v. 7). Note como é importante testarmos nossos desejos com a orientação de outros.

Suspeita

A análise de terceiros mencionada acima pode ajudar você a analisar as suas motivações. Mas você também tem que se perguntar o porquê de uma decisão. Será que você quer ser autônomo porque não consegue se submeter aos seus superiores? Será que você acha que tem que ser chefe porque sempre se julga ter a melhor saída para cada situação na empresa? Será que o desejo de mudar de emprego é movido apenas pela adrenalina do novo? Ore e peça ao Senhor que perscrute o seu coração e ouça as pessoas sábias, questionando suas motivações.

Um exemplo de motivação que merece suspeita é nosso anseio por realização pessoal. Não estou dizendo que precisamos odiar nosso trabalho para fazermos a vontade de Deus. Nada disso. Estou colocando a motivação de buscar um emprego que traga realização pessoal como digno de avaliação. A maioria esmagadora dos brasileiros não se julga realizado profissionalmente. Não se ouve por aí "eu adoro fazer trabalho burocrático", "eu amo analisar e carimbar a mesma papelada todo dia", "tenho prazer em carregar lixo todas as manhãs". No entanto, esses trabalhos são necessários.

Espera

Por último, é importante ressaltar que ter paciência é uma grande virtude na hora de fazer escolhas. Se não há clareza quanto à decisão, espere até quando puder. Se os anos têm passado e nenhuma grande oportunidade apareceu, espere. Não que Deus vá abrir uma fantástica oportunidade de emprego para todo aquele que espera. Não. A razão de esperar é porque esperar já é a aula. Deus nos ensina muito quando esperamos. A primeira lição é vencermos a ansiedade. Depois, há muitas outras maneiras de aprender a confiar no Guia.

Casamento

Pressupostos errados

Lembro-me da história cômica de um jovem cristão que foi pedir autorização ao pai da moça para poder namorá-la. Como o jovem estava muito nervoso e sabia da fama do pai de ser duro para com pretendentes da filha, ele resolveu impressionar o futuro sogro no seu discurso. "O meu interesse pela sua filha tem fundamento bíblico. Salomão escreveu: 'O que acha uma esposa acha o bem e alcançou a benevolência do Senhor' (Pv 18.22)." O pai da moça, muito sagaz, respondeu na mesma moeda: "Mas a Bíblia também diz na pena do apóstolo Paulo: 'Quem casa a sua filha virgem faz bem; quem não a casa faz melhor' (1Co 7.38)." O jovem se viu numa sinuca de bico e resolveu responder de bate pronto: "Mas Salomão entendia mais de casamento do que Paulo".

Essa anedota traz graça ao conceito de que ficar solteiro é ruim. Fomos erroneamente treinados a estimular todos ao nosso redor a buscarem o casamento e a fazermos chacota daqueles que não "encontram" alguém. Ou são feios ou escolhem demais. Nossa miopia não consegue ver as virtudes de um solteiro. Não louvamos aqueles que, mesmo sonhando com o casamento, não se entregaram a descrentes, preferindo ficar sós. Não conseguimos enxergar a vantagem e a honra do que o apóstolo Paulo falou acerca de solteiros servirem desimpedidamente ao Senhor (1Co 7.32-35). Ficar solteiro pode ser uma escolha muito sábia.

Por outro lado, estar solteiro pode ser motivado por um pressuposto errado. Assumimos equivocadamente que, para casar, temos de encontrar aquela única pessoa no mundo que se encaixa conosco. Alguns autores chamam de "o mito da pessoa certa". Veja o comentário de R. C. Sproul:

> Pode parecer chocante, mas estou convencido de que, se os preceitos bíblicos são aplicados consistentemente, praticamente quaisquer duas pessoas no mundo podem construir um casamento feliz e honrar a vontade de Deus no relacionamento. Isso pode não ser o que preferimos, mas pode ser alcançado se estivermos dispostos a *trabalhar* nosso relacionamento conjugal.[3]

Esse é um conceito pagão ("alma gêmea") que desconsidera importantes fatores. Primeiro, Deus não espera que você encontre a tampa da sua panela. Ele quer que você se amolde à tampa que vier. Ele não lhe revela antecipadamente o futuro cônjuge, mas quer que você encontre quem está apto para ser seu futu-

---

3 Sproul, *Discípulos Hoje*, p. 204.

ro cônjuge. Segundo, um viúvo pode ter um segundo casamento feliz. Não precisa nutrir a ideia de que só havia uma pessoa com quem ele poderia se casar. Se de fato, só há uma pessoa no mundo com quem podemos nos casar, então somos insuportáveis. No entanto, Deus nos ensina a suportar uns aos outros (Cl 3.13).

Precisamos atentar para o que a Escritura diz ser agradável a Deus na procura por um cônjuge.

Reflexão

Há um artigo de David Powlison e John Yenchko que aponta vários aspectos sábios para decidir-se sobre casamento.[4] Primeiramente, certifique-se de elementos morais. Comece perguntando se seu namorado ou sua namorada dá evidências de uma fé cristã genuína[5] (Ml 2.11; 1Co 7.39; 2Co 6.14-16). Se for divorciado, foi um divórcio por razões lícitas? Saiba as qualidades principais (não seja detalhado) do seu futuro cônjuge e avalie o candidato.

Veja se vocês têm o mesmo alvo de vida (não "compatibilidade", como se diz por aí), o mesmo entendimento do

---

4 David A. Powlison, e John Yenchko, *Devemos nos Casar?* In: *Aconselhamento Bíblico* vol. 1 (Atibaia: Seminário Bíblico Palavra da Vida, 1999), p. 118-127.

5 Powlison e Yenchko chamam a atenção para o fato de que ser crente é um estilo de vida em que você depende de Jesus mais do que de seu cônjuge. Quem enxerga no casamento um marco essencial de sua identidade não consegue se imaginar não casado. O problema é que a questão essencial da identidade é algo que só Jesus pode fazer. "Com certeza, você quer receber as bênçãos de um bom casamento. Mas, será que o seu desejo de edificar a própria vida em Jesus e depois compartilhar essas bênçãos com seu cônjuge é ainda maior?" Powlison e Yenchko, *Devemos nos casar?*, p. 119. O ato de abandonar as mulheres pagãs no período pós-exílico (Ed 10) foi uma atitude drástica, que demonstrou que o Senhor é mais importante que o casamento (cf. Ne 13.23-27).

que seja casamento. Isto é, vocês estão dispostos a "deixar" (cortar os laços com os pais, com os amigos, com o trabalho e consigo mesmo[6]) e "se unirem" (concordância quanto a ministérios, aspectos teológicos básicos, papel do homem e da mulher) como prescreve a fórmula de casamento (Gn 2.24; Mt 19.5-6; Ef 5.31)? Considere, também, a viabilidade econômica; mas, não se delongue a casar por este motivo. Suas expectativas podem estar erradas.

Aconselhamento

Pergunte a crentes maduros acerca da pessoa a quem namoramos (valorize a opinião dos seus pais). Precisamos ouvir as pessoas que nos conhecem bem, que sabem o que faz um casamento funcionar e que veem o casamento de um ponto de vista cristão. Para testemunhas, deveríamos escolher pessoas que são nossos conselheiros e exemplos de casamento.

Uma palavra aos que aconselham. Pais e amigos não podem projetar seus sonhos e frustrações para com aquele que busca conselho. Nossas orientações precisam ser pautadas pela Bíblia Sagrada.

Suspeita

Averigue as motivações que levam você ao casamento: satisfazer-se? Achou um par perfeito? Nossos anseios precisam imitar o relacionamento de Cristo e da igreja. Assim como Cristo em relação à igreja, os homens devem estar dispostos a

---

[6] "Não estamos entendendo um *romper* no sentido absoluto. O que você precisa, basicamente, é reorganizar as suas prioridades, valores e compromissos em função da nova posição de casado ou casada." Powlison e Yenchko, *Devemos nos casar?*, p.123.

morrer pela esposa. Assim como a igreja em relação a Cristo, as mulheres devem estar dispostas a viver pelo marido. Nossa autoanálise espiritual é necessária para afugentarmos motivações egocêntricas.

Ore para que Deus lhe dê as virtudes para ser uma benção para a outra pessoa, antes de se preocupar com aquela lista de qualidades da pessoa ideal. "Como você costuma orar com relação ao casamento: 'Senhor, dá-me um marido/esposa para que eu seja feliz' ou 'Senhor, ajuda-me a estar mais preparado (a) para o casamento'?"[7]

Espera

Não case com o primeiro que vier, pelo medo de ser titia. Decidir "se casar contra a vontade de Cristo, é sinal de que o romance, o desejo intenso de alcançar realização como cônjuge ou o medo de nunca se casar, tomaram conta de sua vida. Isso é idolatria."[8]

Por outro lado, não se paralise pelo medo de tomar a "grande decisão de se casar". Não se deixe retardar a mesma. Não deveria ser normal ser um adulto, estar empregado e não se julgar preparado para casar.

Esperar não é inércia, mas confiança na ação ou resolução de se casar. O crente que se casa, ainda que não tenha muito mais do que o estritamente necessário, se casa esperando no Senhor.

---

[7] Powlison e Yenchko, *Devemos nos casar?*, p. 120.
[8] Powlison e Yenchko, *Devemos nos casar?*, p. 119.

Conclusão

Encerramos esse capítulo, e o argumento do livro como um todo, relembrando que os exemplos acima apenas reforçam que fazer a vontade de Deus não deveria ser um assunto difícil de entender. Não precisamos nutrir aquele conceito místico de que Deus nos fala ao coração o que devemos fazer em cada situação. É verdade que nossos sentimentos podem nos ajudar a decidir tranquilamente. É muito bom quando temos certeza de que estamos tomando uma decisão segundo a vontade de Deus. Podemos e devemos estar convictos de que estamos sendo moralmente corretos em nossa decisão. Mas, quando a decisão não envolver o que é ilícito, nossa certeza tem que ser de estarmos agindo sabiamente, não de que recebemos algum recado de Deus sobre a sua vontade secreta. A expectativa de que Deus irá nos passar o *trailer* do resto de nossas vidas não é ensinada nas Escrituras.

E, quando dificuldades surgirem decorrentes de nossa decisão, não devemos ter o senso de culpa de que não conseguimos ouvir o Senhor e, por isso, estamos passando por aflições. Somos afligidos até quando agimos santa e sabiamente. Não deixemos que o medo de sofrer e o anseio de só acertar alimente uma ansiedade em querer descobrir o que Deus não intentou revelar. Devemos sempre decidir em conformidade com a sabedoria bíblica e confiar em nosso Guia. Ore convictamente com o salmista: "Porque tu és a minha rocha e a minha fortaleza; por causa do teu nome, tu me conduzirás e me guiarás" (Sl 31.3). Esse Deus grandioso que é a nossa rocha, "ele será nosso guia até à morte" (Sl 48.14).

APÊNDICE

Escolhas de fé: a vida de Moisés

[Esse sermão foi pregado há quase uma década para um público majoritariamente jovem e universitário. A razão de eu incluí-lo nesta obra é porque ele ilustra as decisões realmente importantes de nossa vida, aquelas que envolvem uma escolha moral. Essas decisões, muitas vezes, são feitas sem respaldo e recompensa imediatos, mas calcados na fé que temos no Deus da soberana vontade.]

"Pela fé, Moisés, apenas nascido, foi ocultado por seus pais, durante três meses, porque viram que a criança era formosa; também não ficaram amedrontados pelo decreto do rei. Pela fé, Moisés, quando já homem feito, recusou ser chamado filho da filha de Faraó, preferindo ser maltratado junto com o povo de Deus a usufruir prazeres transitórios do pecado; porquanto considerou o opróbrio de Cristo por maiores riquezas do que os tesouros do Egito, porque contemplava o galardão. Pela fé, ele abandonou o Egito, não ficando amedrontado com a cólera do rei; antes, permaneceu firme como quem vê aquele que é invisível. Pela fé, celebrou a Páscoa e o derramamento do sangue, para que o exterminador não tocasse nos primogênitos dos israelitas. Pela fé, atravessaram o mar Vermelho como por terra seca; tentando-o os egípcios, foram tragados de todo."

Hebreus 11.23-29

INTRODUÇÃO

A vida é feita de decisões. Desde escolhas mais simples sobre o que vestir, o que comer, até escolhas mais sérias, como o rumo profissional da vida, ter mais filhos ou não, optar por uma intervenção cirúrgica ou lutar contra a doença com um tratamento; todas elas compõem o enredo de nossa vida.

Anos depois de um problema sério de saúde que eu tive em minha adolescência, eu ouvi o relato de meu pai sobre o dilema da decisão. Eu estava com osteomielite (infecção óssea) e precisei tirar boa parte de um dos ossos do meu braço esquerdo. O médico deu ao meu pai duas opções de reparo: fazer nova cirurgia para um transplante ósseo ou esperar que o crescimento natural de um adolescente preenchesse a lacuna. O risco da primeira opção eram os típicos perigos de uma cirurgia, mas oferecia segurança mais rapidamente. O risco da segunda era ter dano permanente, caso ocorresse uma fratura nos cinco anos seguintes. Meu pai orou ao Senhor para saber como agir. Ele finalmente optou pela cirurgia, mas só depois de investigar para ver se ele não estava duvidando do cuidado de Deus.

Escolhas de fé: a vida de Moisés

Um aspecto da maturidade cristã é a habilidade de tomar decisões corretas. Exemplos: quando Satanás lhe tenta, ou você diz "sim" ou você diz "não"; quando surge uma oportunidade de testemunhar, ou você comunica a verdade de Jesus Cristo ou não; quando você tem algum tempo de sobra no qual você poderia ler a Bíblia e orar, ou você faz ou não; quando você acorda domingo de manhã, ou você vem para a Escola Dominical e tem comunhão com os irmãos ou você fica em casa assistindo televisão. As decisões que tomamos refletem a nossa maturidade ou não.

Deus nos exorta, em sua Palavra, a tomarmos decisões espirituais (Dt 30.15-20; Js 24.15; 1Rs 18.21). Em Hebreus 11, vemos o exemplo de homens que tomaram decisões certas. Abel escolheu um sacrifício mais excelente, em oposição ao sacrifício do seu irmão Caim. Enoque escolheu andar com Deus, em oposição ao mundo repleto de iniquidade. Noé escolheu trabalhar para Deus e esperar nele, em oposição ao resto do mundo que afogou no dilúvio. Abraão escolheu deixar a sua terra e depois escolheu sacrificar seu filho, ambos em obediência a Deus. Isaque, Jacó e José escolheram confiar na promessa de Deus, ao invés do desespero e frustração dos que estão à beira da morte.

As suas decisões na vida cristã demonstram se você tem sido atingido pelos dardos inflamados do maligno (e a sua vida está em fogo) ou se você tem se protegido com o escudo da fé (Ef 6.16). Moisés usava o escudo da fé. "O autor de Hebreus dedica a Moisés cinco seções, que começam com a fórmula *pela fé* (vs. 23, 24, 27, 28, 29). O primeiro desses exemplos se relaciona aos pais de Moisés; o último, ao povo de Israel."[1] Para a surpresa dos judeus leitores da Epístola aos Hebreus — que enxergavam Moisés associado a leis, obras, regras, legalismo — Moisés era um homem de fé.

Diante do exemplo de Moisés, eu gostaria de apresentar a fé como norteadora das decisões, rejeitando certas coisas e aceitando outras. A fé se manifesta pelas escolhas sábias e fiéis a Deus, o que inclui rejeitar o caminho do mundo e assumir a identidade cristã.

O QUE A FÉ REJEITA

1. O prestígio do mundo (v. 24)

Moisés teve dois parâmetros de educação. Primeiramente, ele foi educado pela sua mãe durante parte da sua infância (Ex 2.9-10). Não sabemos quantos anos foram, mas o suficiente para crescer com o amor pelo seu povo, aprender a lei de Deus, crer na aliança feita com os patriarcas e descansar na esperança messiânica. Seus pais, provavelmente, transmitiram algo de especial que Deus havia lhes dito, pois Moisés sabia que ele seria instrumento divino para libertação do povo (At 7.25; ele se viu como instrumento da promessa em Gn 15.13-14). Além de uma educação cristã, Moisés também recebeu uma instrução nos conhecimentos e ciências egípcias (At 7.22) no tempo em que passou na casa de Faraó. Eu tenho certeza que Deus usou esta educação nas ciências egípcias para que

---

[1] Simon Kistemaker, *Hebreus* (São Paulo: Editora Cultura Cristã, 2003), p. 470.

Moisés se tornasse o líder e escritor bíblico que foi, assim como Saulo de Tarso recebeu a educação refinada para se tornar o culto apóstolo Paulo. Então, resumindo, Moisés foi educado nas duas culturas: hebraica e egípcia.

Quando atingiu os 40 anos de idade (At 7.23-24), teve de tomar a decisão entre ser egípcio ou ser hebreu. A ênfase do escritor aos hebreus de destacar que Moisés era "já homem feito" (v. 24; Ex 2.11) garante-nos que tal decisão não foi fruto de imaturidade, indecisão ou entusiasmo do momento. Ele sabia o que estava fazendo. Moisés rejeitou as honras de ser parte da família real, quem sabe tendo direito de governar o Egito, pois diz que ele "recusou ser chamado filho da filha de Faraó". Esta decisão foi feita "pela fé". Moisés não buscava o prestígio do mundo, mas a vontade de Deus. Preferiu ser líder de escravos do que grande no Egito, porque tinha fé no Deus verdadeiro.

Isto faz alguém ser considerado grande aos olhos de Deus. O mundo avalia grandeza pela família da qual você vem, pelo seu dinheiro, pela sua educação, ou pela sua posição. Jesus considerou João Batista grande (Mt 11.11) por outras razões, pois ele não era de família importante (filho de um simples sacerdote), nem tinha dinheiro (sua alimentação e roupa demonstram a vida simples que levava), muito menos educação ou posição. De acordo com Lucas 1.15-16, João Batista foi considerado grande pelas seguintes características: obediente, cheio do Espírito e instrumento de muitas conversões. Note que o prestígio vindo de Deus é muito diferente do prestígio do mundo. Será que as suas decisões mostram grandeza e prestígio diante de Deus?

Crianças e jovens crentes também recebem dois parâmetros de educação. Eles recebem uma educação cristã na Escola Dominical e uma instrução secular nas escolas, sendo que, em certas ocasiões, elas estão diametralmente opostas. Exemplos: criacionismo versus evolucionismo; antropologia bíblica, que fala de pecado original, versus antropologia humanista, que fala do homem como tábula rasa moldada pela sociedade. Quando crianças educadas na igreja se tornam jovens, têm que decidir se seguirão o Deus de seus pais ou não. Qual tem sido a sua decisão, jovem? Você prefere o prestígio do mundo ou a honra de ser grande diante de Deus? Você teria a coragem de ser ousado na vida acadêmica expondo a sua cosmovisão cristã, mesmo a custo do prestígio do mundo?

2. *Os prazeres do mundo* (v. 25-26)

Como Moisés tinha ciência da missão de libertador do povo de Israel (At 7.25), ficar no palácio usufruindo os requintes egípcios seria pecado; seria esquecer da sua identidade hebraica. No palácio de faraó, ele tinha todas as comidas deliciosas que quisesse, todas as mulheres que quisesse, toda a autoridade que quisesse, todos os prazeres da carne satisfeitos. No entanto, ele preferiu ser maltratado, junto com o povo de Deus, do que ter prazeres junto com o mundo. Esta decisão foi tomada pela fé, pois Moisés creu que sofrer por Deus aqui resultaria em lucro no futuro. A fé sabe que os prazeres do pecado são "transitórios" (Jó 20.5; Sl 73.12-19; Lc 12.19-20) enquanto a herança de Deus é eterna (2Co 4.16-18). Pela fé, Moisés preferiu as riquezas de Cristo, ao invés dos tesouros do então poderosíssimo Egito. O escritor de Hebreus não fala das riquezas recebidas aqui, mas de riquezas vistas pela fé: "contemplava o galardão". Para receber tais riquezas, ele teve que passar pelo desprezo que Cristo passou; mesmo antes da vinda de Cristo, sempre houve oposição a Deus e aos seus libertadores.

O pecado é prazeroso, mas só por um momento. Davi teve prazeres com Bate-Seba que lhes custaram muitos dissabores. É por isso que o pecado não compensa. É verdade que o mundo nunca entenderá o porquê você largou os prazeres da vida (bebidas, festas, promiscuidades, etc.) para ir à igreja todo domingo, cantar músicas estranhas e dar parte do seu dinheiro como dízimo na igreja. O mundo não entende a mudança (1Pe 4.1-4). E se você confrontar o seu estilo de vida, o mundo se virará contra você (2Tm 3.12).

Rejeitar os prazeres do mundo implica em trazer perseguições. Você tem despertado a oposição do mundo através de sua vida piedosa? Se você, pela fé, optar pelas riquezas de Cristo, saiba que momentos difíceis lhe esperam (Sl 69.9b; Jo 15.18-21; Gl 6.17b; Cl 1.24; 1Pe 4.14a). O escritor aos Hebreus encoraja os seus leitores a sofrerem o desprezo que Cristo sofreu (Hb 13.13), a saírem do sistema, assim como Cristo foi excluído do arraial.

3. A pressão do mundo (v. 27)

Este versículo não se refere à fuga de Moisés do Egito depois de haver matado o egípcio, pois essa fuga foi motivada pelo medo (Ex 2.14-15). O escritor aos hebreus se refere à saída do Egito juntamente com o povo, quarenta anos mais tarde (At 7.30). Nesta hora, Moisés não temeu a raiva de Faraó (Ex 10.28-29).

Medo é uma das pressões mais difíceis de suportar. Em certas ocasiões, os heróis da fé cederam ao medo. Por medo, Abraão disse uma mentira sobre Sara. Isaque fez o mesmo com Rebeca. Por medo de Esaú, Jacó fugiu para a casa de Labão. Por medo do povo, Aarão fez o bezerro de ouro. Por medo, Pedro negou a Jesus. Pela fé, Moisés se apoiou naquele que é invisível para não ceder à pressão (Ex 5). A expressão "permaneceu firme como quem vê aquele que é invisível" faz referência à visão da sarça ardente (Ex 3.2-6) e, também, ilustra o que cabe a cada um de nós fazer: olhar para o Autor e Consumador da fé (Hb 12.2).[2]

Deixamos de falar de Cristo pelo medo de perder amizades, pelo medo de não saber o que dizer quando alguém nos perguntar algo difícil. Deixamos de ir ao culto ou ao trabalho da igreja porque temos de ir à festa no serviço; essa decisão é tomada porque tememos perder o emprego. Quando uma moça cristã interessada em se casar não encontra um partido interessante na igreja e resolve namorar um moço não crente, ela age baseada no medo; medo de ficar solteira, medo de ser considerada "titia" ou uma pessoa que escolhe muito.

---

2 João Calvino escreve: "Desse fato concluímos que, primeiro, a verdadeira natureza da fé consiste em ter Deus sempre diante dos olhos; segundo, que a fé vê coisas mais elevadas e ocultas em Deus do que os nossos sentidos podem perceber; e terceiro, que nos é suficiente apenas uma visão de Deus para que nossas debilidades sejam corrigidas, e assim nos tornemos mais fortes que as rochas contra todas as investidas de Satanás". *Hebreus* (São Paulo: Edições Parcletos, 1997), p. 335.

Se você age de alguma dessas formas, é sinal de que a fé deu lugar ao medo. Viver pela fé não é achar que as coisas vão dar certo na evangelização (que você falará o plano da salvação de forma perfeita e o seu amigo virá a Cristo), no emprego (que o seu chefe entenderá a sua opção religiosa e não mandará você embora) ou no namoro (que Deus logo trará um namorado cristão para você). Viver pela fé é permanecer fiel a Deus, mesmo sem saber o que Deus tem preparado para você. Veja o exemplo dos três amigos de Daniel diante da fornalha (Dn 3.15-18), que julgaram ser melhor ir para o fogo por Deus, do que ficar de fora do fogo contra Deus.

O QUE A FÉ ACEITA

1. O plano de Deus (v. 23)

Moisés era uma criança formosa aos olhos de Deus (At 7.20). Seus pais não o esconderam porque a criança era bonitinha, mas porque Deus planejava usar aquela criança como libertador do povo. De alguma forma, Deus deve ter revelado aos pais de Moisés, Anrão e Joquebede, o que intentava realizar através do menino e eles creram. Pela fé no plano de Deus, os pais resolveram assumir riscos para salvá-lo. Não é fácil deixar o seu filho de três meses num cesto para encontrar o seu destino nas águas do rio Nilo. Imagine a dor no coração dos pais por ter que deixá-lo ir. Todavia, eles assim o fizeram movidos pela fé no plano divino. E Deus tanto honrou a fé deles, que lhes trouxe o menino de volta, para educá-lo nos princípios da fé israelita.

Deus nos revelou um plano triunfante que ele tem para nós (Rm 8.28-39). Devemos descansar no mesmo. Isto é, devemos fazer a vontade de Deus (os seus mandamentos), certos de que esse caminho nos conduzirá por um plano bom.

2. A provisão de Deus *(v. 28)*

Quando Deus deu a ordem em relação ao cordeiro pascal (Ex 12), Moisés aceitou sem incrementar nada. Não se via qualquer vantagem em aspergir sangue nos umbrais para se ver livre da vingança divina. Você pode imaginar que, se Moisés não tivesse falado do sangue nos umbrais das portas com convicção, alguns do povo poderiam ter tentado fugir da décima praga (morte dos primogênitos); afinal de contas, Deus já havia mostrado o seu poder nas nove pragas anteriores. Entretanto, Moisés falou ao povo apenas aquilo que Deus lhe ordenou, e o povo seguiu a sua orientação (Ex 12.28). Moisés creu na provisão divina e Deus poupou milhares de primogênitos israelitas.

O sangue de Cristo é a provisão divina. O evangelho da cruz é suficiente para a vida do crente. Crer na suficiência do sacrifício de Cristo é aceitar que a pregação da cruz basta para nos alimentar; não é necessário que a pregação seja divertida para que o jovem seja edificado. Crer na suficiência do sacrifício de Cristo é confiar que você está protegido do maligno, sem a necessidade de exorcismos ou quebras de maldição.

3. A promessa de Deus *(v. 29)*

Neste verso, vemos a fé do povo de Israel, a qual foi motivada pela fé do líder Moisés (Ex 14.13-14). O Mar Vermelho se abriu como se fossem dois altos muros de água. Então, Moisés pede ao povo para atravessar. Eu imagino que os céticos dentre o povo disseram: "O quê? Quem disse que a água vai permanecer assim?" Acontece que Deus prometera levar o povo a uma terra prometida e não os deixaria morrer afogados no mar. Porém, deve ter batido algum medo, enquanto cruzaram em terra seca ao lado de milhões e milhões de litros de água sobrenaturalmente segurados. A aproximação do exército egípcio foi um estímulo para que cruzassem; ainda assim, a Escritura afirma que eles o fizeram em fé. Esta foi a diferença para o exército egípcio. Eles não se enveredaram por entre as paredes de água confiados no poder e na promessa de Deus, mas baseados na experiência (haviam acabado de ver os hebreus cruzarem o mar sãos e salvos). Por isso, padeceram.

Viver pela fé é crer na promessa de Cristo de que ele vai nos proteger, diante dos perigos de nossa caminhada, até chegarmos à terra prometida. Isto não significa que cada promessa encontrada no Antigo Testamento seja aplicável a nós hoje. Porém, podemos descansar na verdade de que todas as coisas cooperam para o nosso bem (Rm 8.28).

CONCLUSÃO

Quanto maior o apego a Jesus Cristo, maior é a dedicação para as coisas de Deus e menor é a atração às coisas do mundo. Assim como Moisés, você também deve se comprometer a seguir o caminho de Deus, rejeitando os prazeres do mundo, ainda que sejam divertidos, para que no final você experimente as delícias de Deus no Novo Céu e na Nova Terra.

Suas decisões advêm de ponderada reflexão sobre as coisas lá do alto (Cl 3.1-2)?

Avalie a sua maturidade espiritual pelas escolhas que você tem feito. Lembre-se de que a fé rejeita o prestígio, os prazeres e a pressão do mundo. Por outro lado, a fé aceita os planos, a provisão e a promessa de Deus. Sua vida está repleta de escolhas de fé?

CURSO E GUIA DE ESTUDO

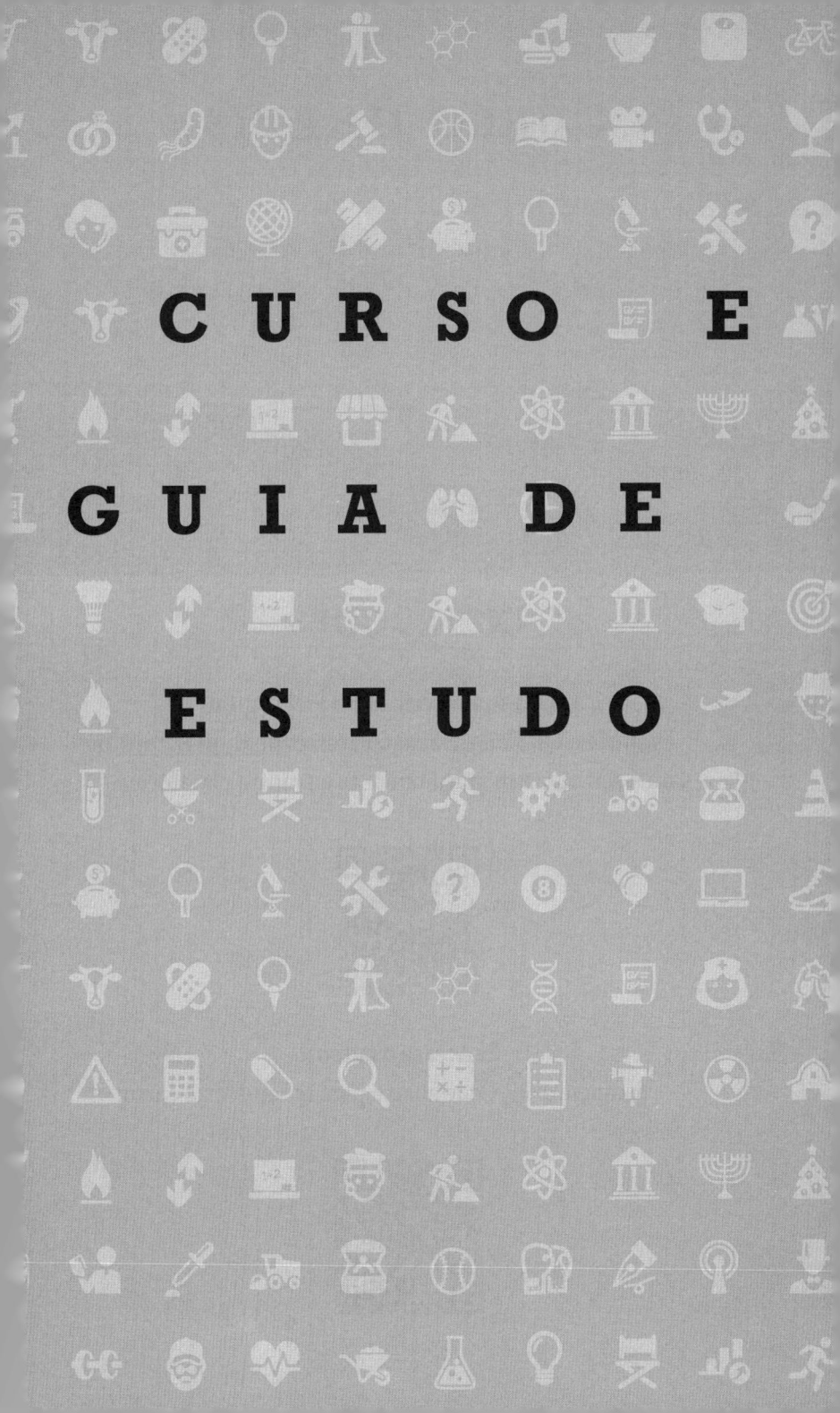

CURSO GRÁTIS

TOMANDO DECISÕES SEGUNDO A VONTADE DE DEUS

FIEL Digital

INSTRUÇÕES

1. Faça a sua inscrição no Fiel Digital

Escaneie o QR Code abaixo ou acesse: fieldigital.com.br e faça o seu cadastro gratuitamente em nossa plataforma.

2. Acesse o curso

Escaneie o QR Code abaixo para ter acesso ao curso.

Todo aquele que é nascido de novo nutre em seu coração o desejo de fazer a vontade de Deus. Justamente por isso, surge a dúvida diante das encruzilhadas da vida: O que fazer? Que rumo tomar? Será que essa é a vontade de Deus para mim? Será que encontramos orientação nas Escrituras?

Com base em sete aulas ministradas pelo autor para o curso que tem o mesmo nome do livro, este Guia de Estudos foi cuidadosamente elaborado a fim de auxiliar cristãos a trilhar uma jornada de aprendizado e reflexão sobre o processo de tomada de decisões.

Como usar este guia

Segue abaixo uma sugestão para o uso deste guia de estudos em escolas bíblicas ou pequenos grupos. Ao incorporar essas atividades em sua reunião de ensino, você proporcionará uma experiência envolvente e transformadora, capacitando os participantes a aplicarem os princípios do livro em suas vidas diárias.

1. Leitura do capítulo (antes da aula)

Solicite a leitura individual do material a ser estudado (os capítulos correspondentes do livro estão anotados em cada aula) e instrua os alunos a (1) lerem as passagens bíblicas citadas; (2) a observarem qual é o tema central do capítulo; (3) assinalarem palavras desconhecidas; (4) grifarem frases que os impactaram; e (5) anotarem dúvidas que possam surgir.

2. Oração inicial e leitura bíblica (tempo estimado: 3 min)

Inicie a reunião com uma oração. Leia ou peça para que o grupo participe lendo as passagens bíblicas citadas no capítulo.

3. Discussão dirigida (tempo estimado: 15min)

Traga a oportunidade de o grupo discutir os principais conceitos abordados no capítulo em foco. Aproveite esse tempo para esclarecer o significado de termos pouco conhecidos. Estimule a participação dos membros, encorajando-os a compartilhar suas compreensões e experiências pessoais relacionadas ao tema.

4. Cenários práticos (tempo estimado: 5min)

Sugira exemplos de situações do dia a dia que desafiem os participantes a aplicar os princípios ensinados. Eles podem discutir e apresentar soluções baseadas na perspectiva apresentada no livro, proporcionando uma oportunidade prática de tomar decisões segundo a vontade de Deus.

5. Respondendo em duplas (tempo estimado: 7 min)

Divida os participantes em duplas e peça que leiam as perguntas do guia de estudos, analisem entre si as possíveis respostas e anotem suas conclusões.

6. Aprendendo em conjunto (tempo estimado: 15 min)

Reagrupe e leia as perguntas objetivas, buscando ouvir as opiniões de cada dupla nas respostas. Explore o porquê de as alternativas erradas não serem adequadas e o motivo pelo qual a alternativa correta é a resposta aceitável. Abra oportunidade para três duplas apresentarem suas conclusões das questões reflexivas. Permita que as demais duplas contribuam com a resposta e destaque as aplicações práticas dos princípios apresentados. Aproveite esse momento para esclarecer possíveis dúvidas dos alunos

7. Compartilhamento de testemunhos (tempo estimado: 5min)

Reserve um momento para que um ou mais participantes compartilhe testemunhos de situações em que aplicou os princípios aprendidos. Isso não apenas reforça o aprendizado, mas também inspira e encoraja os demais membros.

8. Reflexão pessoal e oração final

Estimule que os alunos tenham um tempo silencioso para ponderar sobre suas próprias vidas, fortalecendo a aplicação prática dos ensinamentos. Ore com gratidão e finalize a aula.

Que este recurso seja uma bênção em sua jornada espiritual!

AULA 1

A confusão evangélica

Para esta aula, leia o prefácio e o capítulo I.

Objetivos da aula:
1. Compreender da importância da busca pela vontade de Deus:
2. Destacar os benefícios de confiar em Deus para orientação e discernimento em vez de depender apenas do entendimento humano.
3. Capacitar a aplicar os princípios bíblicos discutidos na aula em situações práticas do dia a dia.
4. Explorar o conceito de renovação da mente à luz dos princípios bíblicos em Romanos 12:2.

Exercícios de fixação

1. Qual é a principal dificuldade que costumamos encontrar em relação ao ensino sobre a vontade de Deus?

a) A falta de base bíblica nas abordagens comumente ensinadas.
b) A ênfase excessiva em rituais tradicionais.
c) A ausência de experiências espirituais.
d) O desinteresse dos fiéis no assunto.

2. Qual é a principal razão pela qual muitos cristãos ficam confusos ao tentar discernir a vontade de Deus?

a) Falta de fé.
b) Excesso de informações.
c) Má interpretação da Bíblia.
d) Desobediência aos mandamentos divinos.

3. Qual deveria ser o verdadeiro objetivo do cristão em relação à vontade de Deus?

a) Descobrir o futuro por meio de revelações divinas.
b) Seguir um plano detalhado para a vida
c) Tornar-se cada vez mais semelhante a Cristo.
d) Buscar sinais e presságios no cotidiano

Exercícios de reflexão

1. Descreva a importância da base bíblica ao discernir a vontade de Deus. Como essa base pode impactar a compreensão e a busca pela vontade divina na vida cristã?

_____
_____
_____
_____
_____
_____
_____

2. Quais são os perigos associados à dependência excessiva de experiências espirituais ao buscar entender a vontade de Deus?

_____
_____
_____
_____
_____
_____
_____

3. Como a má interpretação da Bíblia pode ser um obstáculo para os cristãos ao discernir a vontade de Deus? Apresente exemplos práticos de interpretações errôneas que podem surgir e como corrigi-las.

_____
_____
_____
_____
_____
_____
_____

AULA 2

Qual é a vontade do Senhor?

Para esta aula, leia os capítulos II e III.

Objetivos da aula

1. Clarificar o entendimento das diferentes perspectivas e abordagens para compreender a vontade de Deus.

2. Estimular a reflexão crítica sobre as implicações práticas e teológicas das diferentes abordagens.

Exercícios de fixação

1. Assinale a alternativa correta:

a) A vontade perceptiva é opcional e não uma ordem.
b) Nem tudo o que é revelado é um preceito, mas todo preceito de Deus é revelado.
c) O conhecimento dos preceitos é encoberto aos crentes.
d) Cumprir a vontade perceptiva sempre traz felicidade, pois está de acordo com a nossa vontade.

2. Com relação à vontade decretiva, podemos dizer que:

a) Os planos de Deus podem ser frustrados.
b) Ela é sempre revelada.
c) Sofre interferência de nossa desobediência.
d) Os planos de Deus sempre são cumpridos, independentemente da obediência humana.

3. O que caracteriza a diferença entre a vontade perceptiva e a vontade decretiva?

a) A vontade perceptiva refere-se aos preceitos e a vontade decretiva aos sentimentos humanos.
b) A vontade perceptiva é revelada, enquanto a vontade decretiva é secreta.
c) A vontade perceptiva sempre é cumprida, enquanto a vontade decretiva é opcional.
d) A vontade perceptiva é individual, enquanto a vontade decretiva refere-se aos planos soberanos de Deus.

Exercícios de reflexão

1. Descreva as principais razões apresentadas na aula que contribuem para a confusão na compreensão da vontade de Deus.

_____
_____
_____
_____
_____
_____
_____
_____

2. O professor citou duas abordagens mais comuns nos meios cristãos para se conhecer a vontade de Deus, a abordagem carismática e a abordagem mais tradicional. Qual é a motivação por trás de ambas as abordagens e como elas diferem na busca pela direção divina?

_____
_____
_____
_____
_____
_____

3. Analise como a busca incessante por uma revelação específica da vontade de Deus pode afetar a visão das pessoas sobre Deus, a Bíblia e a vida cristã, como discutido em aula. Quais são os possíveis efeitos negativos e positivos dessa abordagem?

_____
_____
_____
_____
_____
_____
_____

AULA 3
Um pouco mais de distinções teológicas

Para esta aula, leia o capítulo IV.

Objetivos da aula

1. Proporcionar uma compreensão mais profunda das distinções teológicas relacionadas à vontade de Deus.
2. Destacar as diferenças entre a vontade secreta e revelada.
3. Incentivar a aplicação prática da vontade revelada de Deus na vida cotidiana dos alunos.
4. Promover o desenvolvimento de uma perspectiva sólida e fundamentada nas Escrituras.

Exercícios de fixação

1. Qual é a chave para uma vida digna, inteiramente agradável ao Senhor, conforme destacado no texto?

a) Conformidade com as expectativas sociais.
b) Busca constante por reconhecimento humano.
c) Transbordar de pleno conhecimento da vontade de Deus.
d) Priorização do sucesso material.

2. Assinale a alternativa correta:

a) A vontade permissiva de Deus está fundamentada no fato que ele permite aquilo que não está sob o seu controle.
b) Deus quer que busquemos descobrir sua vontade secreta.
c) A vontade prescritiva de Deus está diretamente relacionada a sua vontade secreta.
d) A vontade secreta de Deus cabe apenas ao Senhor.

3. A Bíblia:

a) Incentiva que busquemos descobrir a vontade secreta de Deus.
b) Nos insta a prosseguir nossa caminhada sem nos preocuparmos com a vontade revelada de Deus.
c) Nos chama a conhecer a vontade revelada de Deus.
d) É revelada em sua totalidade somente aos pastores e teólogos.

Exercícios de reflexão

1. Descreva, com suas palavras, o que significa "transbordar de pleno conhecimento da vontade de Deus" e como isso pode influenciar o modo como vivemos nossas vidas.

_____
_____
_____
_____
_____
_____
_____

2. Como a busca por reconhecimento humano e sucesso material pode ser uma armadilha que nos afasta do propósito de uma vida digna, segundo os ensinamentos apresentados.

_____
_____
_____
_____
_____
_____
_____

3. Refletindo sobre a ideia de frutificar em toda boa obra, discuta como a aplicação prática desse princípio pode impactar positivamente não apenas a vida individual, mas também a comunidade e o mundo ao nosso redor.

_____

_____

_____

_____

_____

_____

_____

AULA 4
Orientação em áreas cinzas

Objetivos da aula

1. Proporcionar uma compreensão aprofundada dos princípios bíblicos fundamentais que orientam a tomada de decisões em áreas onde a Escritura não é explicitamente clara.

2. Promover uma reflexão profunda sobre as motivações por trás das decisões individuais e como essas decisões podem impactar a liberdade consciencial de outras pessoas.

3. Capacitar os alunos a aplicarem os princípios aprendidos em situações práticas da vida cotidiana.

Exercícios de fixação

1. O que são assuntos adiáforas?

a) Adiáfora é o termo referente àquilo que está fora dos planos de Deus para nós.
b) Adiáfora o termo referente àquilo para o que a Bíblia é indiferente.
c) Adiáfora é aquilo que Deus nos ordena a fazer.
d) Adiáfora é o termo referente às ordenanças apostólicas.

2. Assinale a alternativa correta.

a) Se nossas motivações forem boas, qualquer decisão que tomemos será boa.
b) As nossas motivações não importam nas nossas tomadas de decisões.
c) Nossas motivações refletem se as nossas decisões estão firmadas em princípios bíblicos.
d) Decisões equivocadas são sempre reflexo de um coração que não teme a Deus.

3. Qual é o impacto da tomada de decisões em áreas onde a Escritura não é explicitamente clara, de acordo com a aula?

a) Sem impacto.
b) Pode ferir a liberdade da consciência alheia.
c) Não é relevante para a vida cristã.
d) Toda decisão é automaticamente justificada.

Exercícios de reflexão

1. Explique com suas palavras qual é a importância de se investigar as motivações do coração ao tomarmos determinadas decisões.

_____
_____
_____
_____
_____
_____
_____
_____

2. O que é "liberdade de consciência"? Explique com suas palavras.

_____
_____
_____
_____
_____
_____
_____

3. É possível algo ser lícito e não ser conveniente? Justifique.

_____
_____
_____
_____
_____
_____
_____
_____

AULA 5

O perigo ao tentar discernir a vontade de Deus

Para esta aula, leia o capítulo VI.

Objetivos da aula

1. Desmistificar a busca pela vontade de Deus.

2. Esclarecer que o conceito de descobrir a vontade divina muitas vezes é mal interpretado.

3. Identificar e alertar sobre métodos perigosos comumente utilizados na tentativa de discernir a vontade de Deus.

4. Fornecer alternativas sólidas e bíblicas para a tomada de decisões em áreas específicas da vida.

Exercícios de fixação

1. Qual é o principal erro destacado no texto em relação à busca pela vontade de Deus?

a) A interpretação correta das circunstâncias.
b) A importância de testes subjetivos.
c) A validade da bibliomancia como método divinatório.
d) A confusão gerada pela interpretação equivocada de impressões pessoais.

2. O que o texto destaca como método perigoso na tentativa de discernir a vontade de Deus?

a) Estudo diligente das Escrituras.
b) Avaliação criteriosa das circunstâncias, com base na Palavra.
c) Uso de testes subjetivos presentes nas Escrituras, como na história de Gideão.
d) Racionalização lógica, comparando e observando a situação em conformidade com as Escrituras.

3. O que podemos considerar fundamental para a tomada de decisões sábias?

a) Consultar a Bíblia, abrindo-a de forma aleatória.
b) Seguir impulsos emocionais depois de orar.
c) Basear nossas escolhas em princípios revelados na Bíblia.
d) Confiar em interpretações pessoais acerca das portas que Deus abre para nós.

Exercícios de reflexão

1. Qual a importância da base em princípios bíblicos para a tomada de decisões?

___
___
___
___
___
___
___

2. Quais os perigos associados ao uso de testes subjetivos para discernir a vontade de Deus. Como isso pode levar a confusões e interpretações equivocadas? Apresente exemplos práticos para ilustrar seu ponto de vista.

___

3. Como a abordagem de tomar decisões com base em princípios bíblicos e sabedoria pode ser aplicada em situações em que a Escritura não fornece orientações específicas? Apresente argumentos e exemplos para respaldar sua posição.

___

AULA 6
Buscando a direção do Senhor

Para esta aula, leia o capítulo VII.

Objetivos da aula

1. Compreender os perigos associados à busca de direção divina de maneira desorientada.
2. Destacar a importância de fundamentar as decisões em princípios bíblicos.
3. Explorar os quatro caminhos pelos quais a sabedoria bíblica se manifesta,
4. Promover a prática de esperar no Senhor como um componente vital para uma direção guiada pelas Escrituras.

Exercícios de fixação

1. Qual dos caminhos abaixo revela sabedoria divina na tomada de decisões?

a) Buscar impressões interiores sem base racional.
b) Buscar bons conselhos.
c) Agir impulsivamente baseado em sentimentos.
d) Esperar sem tomar nenhuma iniciativa.

2. Assinale qual alternativa representa perigo na busca por direção divina.

a) Reflexão ponderada.
b) Sentir paz no coração.
c) Aceitar conselhos.
d) Esperar confiantemente no Senhor.

3. Assinale a correta.

a) Devemos suspeitar de nós mesmos na tomada de decisões porque nossas próprias motivações são sempre confiáveis.
b) Duvidar de si mesmo é sinal de fraqueza; ajamos com confiança nas tomadas de decisões.
c) Nosso coração humano é desesperadamente corrupto e enganoso; desconfiemos de nossas motivações nas tomadas de decisões.
d) Duvidar de si mesmo é falta de fé e não tem base bíblica.

Exercícios de reflexão

1. Explique a importância de buscar conselhos na tomada de decisões. Como esse princípio se relaciona a busca sabedoria divina?

_____
_____
_____
_____
_____
_____
_____

2. Qual a diferença entre "sentir paz no coração" e agir impulsivamente. Como podemos discernir a verdadeira orientação divina das emoções momentâneas?

_____
_____
_____
_____
_____
_____
_____
_____

3. De que maneira a compreensão de que o coração humano é desesperadamente corrupto e enganoso impacta nossas tomadas de decisões?
_____
_____
_____
_____
_____
_____
_____
_____

AULA 7

Aplicando os princípios às grandes decisões

Para esta aula, leia o capítulo VIII.

Objetivos da aula

1. Consolidar os princípios aprendidos nas aulas anteriores.

2. Aplicar os princípios à vida prática ao fornecer exemplos concretos e contextualizados.

3. Encorajar a reflexão pessoal por meio de questionamentos e discussões direcionadas.

Exercícios de fixação

1. A busca por fazer a vontade de Deus é:

a) uma utopia, somos pecadores e nunca conseguiremos cumprir a vontade de Deus.
b) fácil de se concretizar, basta querermos e termos boa vontade.
c) é desafiadora, pois pode envolver deixar nossos próprios desejos e, pela graça, nos adequarmos àquilo que a Palavra nos orienta.
d) foi difícil até para Jesus, portanto, não deve ser algo com que eu precise me preocupar.

2. Assinale a correta.

a) Nem sempre é possível aplicar os quatro caminhos da sabedoria em todas as áreas da vida.
b) A sabedoria vem de uma vida de oração apenas; não é necessário reflexão.
c) Os caminhos da sabedoria nos ajudam a prosseguir de forma que o Senhor seja exaltado em nosso viver.
d) Não é necessário que observemos os quatro caminhos da sabedoria, pois temos o Espírito de Deus habitando em nós.

3. Assinale a alternativa errada:

a) Devemos buscar conselhos com qualquer pessoa membro da igreja.
b) O aconselhamento de irmãos mais maduros na fé pode nos ajudar a tomar decisões segundo a vontade de Deus.
c) Somente pastores e líderes devem aconselhar.
d) O aconselhamento é importante para a edificação dos santos.

Exercícios de reflexão

1. Descreva um exemplo prático de como você pode aplicar os princípios discutidos na aula de hoje em sua vida cotidiana.

_____
_____
_____
_____
_____
_____
_____

2. Como a compreensão de que a busca pela vontade de Deus passa por um caminho pode impactar a vida cotidiana do cristão?

_____
_____
_____
_____
_____
_____
_____

3. Na sua opinião, como você pode contribuir para a tomada de decisão de um membro de sua igreja?

_____
_____
_____
_____
_____
_____
_____

Respostas:

Aula 1: 1. a; 2. c; 3. c.
Aula 2: 1. b; 2. d; 3. b.
Aula 3: 1. c; 2. d; 3. c.
Aula 4: 1. b; 2. c; 3. b.
Aula 5: 1. d; 2. c; 3. c.
Aula 6: 1. b; 2. b; 3. c.
Aula 7: 1. c; 2. c; 3. a.

FIEL MINISTÉRIO

O Ministério Fiel visa apoiar a igreja de Deus, fornecendo conteúdo fiel às Escrituras através de conferências, cursos teológicos, literatura, ministério Adote um Pastor e conteúdo online gratuito.

Disponibilizamos em nosso site centenas de recursos, como vídeos de pregações e conferências, artigos, e-books, audiolivros, blog e muito mais. Lá também é possível assinar nosso informativo e se tornar parte da comunidade Fiel, recebendo acesso a esses e outros materiais, além de promoções exclusivas.

Visite nosso site
www.ministeriofiel.com.br

Esta obra foi composta em Chaparral Pro Regular 12,5, e impressa
na Promove Artes Gráficas sobre o papel Pólen 70g/m²,
para Editora Fiel, em Março de 2025